PEDAGOGIA E SCUOLA
TEORIA E SCIENZA DELL'EDUCAZIONE

GIOVACCHINO PETRACCHI

Multiculturalità e didattica

con il contributo
della psicologia transculturale

EDITRICE LA SCUOLA

A Gioia, con affetto

I diritti di traduzione, di memorizzazione elettronica, di riproduzione e di adattamento totale o parziale, con qualsiasi mezzo (compresi i microfilm e le copie fotostatiche), sono riservati per tutti i Paesi.
L'Editore potrà concedere a pagamento l'autorizzazione a riprodurre una porzione non superiore a un decimo del presente volume. Le richieste di riproduzione vanno inoltrate all'Associazione Italiana per i Diritti di Riproduzione delle Opere a Stampa (AIDROS), via delle Erbe, 2 - 20121 Milano - Tel. 02/86463091 - Fax 02/89010863.
Ogni riproduzione non autorizzata è punita dalla Legge 22 maggio 1993 n. 159 con sanzioni da 1 a 3 milioni di lire.

© Copyright by Editrice La Scuola, 1994

Stampa Officine Grafiche «La Scuola» - Brescia

ISBN 88 - 350 - **8932** - 8

INTRODUZIONE

Quando furono pubblicati i dati del censimento del 1981 si dovette prendere atto che l'Italia andava mutando una sua condizione: da paese di emigrazione diventava paese di immigrazione. A distanza di poco più di un decennio dalla divulgazione di tali dati, le statistiche segnalano la presenza in Italia di oltre un milione di immigrati, fra regolari e clandestini. Il panorama delle nazionalità e delle etnie è ampio: marocchini, tunisini, senegalesi, cittadini dei paesi dell'Africa subsahariana, eritrei e somali, cittadini delle comunità latino-americane, polacchi, filippini, cinesi e altri ancora. Non è possibile identificare con precisione le provenienze, non soltanto a causa delle imprecise informazioni di cui si dispone, quanto perché gruppi di immigrati presentano un basso grado di "stanzialità". Il che rende complicato rilevare l'incidenza che il flusso migratorio esercita sulle istituzioni scolastiche che ospitano immigrati, anche se al fenomeno sono interessate prevalentemente le scuole che operano in aree urbane.

Sulla base di questi supporti conoscitivi è opportuno prendere in considerazione le iniziative che nelle diverse scuole si sono progettate e attuate per fronteggiare l'impegno educativo nei confronti di allievi immigrati inseriti in un contesto di educandi autoctoni. L'inesperienza professionale in merito a forme di educazione interculturale costituisce ancora oggi una remora da non trascurare. I docenti, forzatamente, sono tratti a gestire la situazione scolastica multiculturale utilizzando principi, risorse culturali e metodi propri della pratica educativa con gruppi di alcuni autoctoni, disattendendo le specifiche variabili che conno-

tano tale situazione. Del resto, anche a livello di approfondimento teorico del problema, nonostante i notevoli apporti diretti a individuare i fondamenti della pedagogia interculturale, non si sono ancora delineati quadri concettuali definiti in ordine all'azione educativa.

Allo scopo di meglio delimitare le questioni, cerchiamo il saldo aggancio al criterio della progettualità. *Si sa bene che a capo di ogni "progetto" — naturalmente anche di quelli relativi all'educazione — stanno le finalità da conseguire. Chiediamoci: si ha articolata consapevolezza della natura delle finalità che presiedono un progetto educativo per la scuola multiculturale? Si risponderà che lì si attivano iniziative che non mireranno ad "assimilare" l'immigrato alla cultura del nostro Paese, bensì iniziative che debbono favorire l' "integrazione" di costui nell'ambiente di accoglienza, non misconoscendo il diritto del "diverso" a conservare e coltivare lingua e cultura di origine.*

Non è dubbio che questa sia una corretta identificazione dei compiti della scuola. Tuttavia, essa va ricondotta a una prospettiva che sociologi e antropologi oggi tratteggiano. Infatti, si fa pressante la convinzione che l'avvenire sarà quello di una società multiculturale. *Non cerchiamo di cogliere qui i complessi significati di questa enunciazione. Basta ricavarne un motivo: la società multiculturale si costituisce se a ciascuna delle culture in essa rappresentate si dà pieno riconoscimento e se i membri di ciascuna di quelle culture si rendono disponibili alla "convivenza con la diversità". Quali risonanze deve esercitare questa condizione nella vita educativa della scuola multiculturale? Si può legittimamente parlare di una nuova impostazione pedagogico-didattica, in virtù della quale in tutti gli allievi si debbono promuovere pensiero e coscienza orientati alla convivenza con i portatori di culture "altre" in un clima dialogico e di continuo confronto?*

Se a questi interrogativi si ritiene di dare risposte positive, ci si deve disporre a formulare progetti di educazione interculturale nei quali sia fatto posto a un sostanziale ripensamento del curricolo, a cominciare dalle modalità di insegnamento/apprendimento della seconda lingua per sboccare alla specifica individuazione dei quadri di sapere da trasmettere. Naturalmente si dedicherà attenzione anche alla funzionalità dei metodi, non fos-

s'altro perché gli allievi immigrati non alieneranno, oltre i modi propri della cultura di origine, le consuetudini metodologiche che hanno caratterizzato i tempi della loro scolarizzazione nel paese di provenienza.

Per approdare a risultati quanto meno apprezzabili dello sforzo di riordino del curricolo e di adeguamento dei metodi, non sarà sufficiente fare ricorso alla psicologia e alla didattica dei cui contributi ci si è valsi per progettare e attuare l'attività educativa in classi costituite solo da allievi autoctoni. Le ricerche della psicologia transculturale *vanno verificando che i processi psicologici subiscono i condizionamenti delle culture di appartenenza. Come dire che il bambino cinese, o quello senegalese, o quello indiano, di fronte a una esperienza a loro comune, manifestano comportamenti diversi. In campo cognitivo, ad esempio, si è trovato che i bambini africani inizialmente esplicano la capacità di classificazione sulla base del colore; solo più tardi in base alla forma e alla funzione. In ciò diversamente dai bambini delle culture occidentali, i quali classificano in primo luogo per la forma e poi per la funzione. Questo è prova della incidenza delle culture sui processi cognitivi e di ciò deve tener ben conto chi ha compiti educativi nella situazione di multiculturalità.*

Sicuramente potranno risultare di aiuto i contributi della psicologia transculturale, dei quali, nelle pagine del volume, daremo documentazione particolarmente riguardo ai processi di conoscenza.

Parte Prima

PROGETTARE L'EDUCAZIONE
NELLA
SOCIETÀ MULTICULTURALE

CAPITOLO PRIMO

PROGETTO EDUCATIVO INTERCULTURALE E CONTESTO

1. L'EDUCAZIONE INTERCULTURALE

L'esercitare un'azione formativa in un contesto scolastico multiculturale esige una pregiudiziale e attenta riflessione sugli aspetti pertinenti la impostazione di un *progetto educativo interculturale*. È pacifico che la struttura di tale "progetto" non palesa apprezzabili differenze nei confronti di quello concernente un contesto educativo formato esclusivamente da allievi autoctoni: la linea impostativa si disegna comunque sulla individuazione delle finalità/obiettivi, nonché dei contenuti dell'educare e delle strategie didattiche. Nondimeno si dovrà prendere atto delle consistenti varianze che tratteggiano il *contesto*, nelle trame del quale si può configurare il progetto educativo interculturale.

Soccorre facilmente il richiamo alla diversità delle culture di cui sono portatori gli allievi immigrati da altri Paesi: già questa è una condizione che moltiplica i problemi progettuali. Per disegnare un piano educativo che, in condizione di multiculturalità, ambisca a riuscire efficace si dovrà tenere conto: a) della relazionalità che va promossa fra soggetti portatori di identità culturali fra loro disparate, avendo per certo che la scuola occupa solo uno spazio della giornata degli allievi; b) della peculiarità psicologica e didattica cui deve essere orientato il progetto, perché ai quadri curricolari della scuola per soli autoctoni andranno apportati aggiustamenti non secondari, sia per ciò che riguarda la gestione del sapere disciplinare sia per l'attivazione di sentimenti di comprensione reciproca di comportamenti connotati sulla misura di valori religiosi, etici, sociali diversi.

Qui affiora il significato di *educazione interculturale*, che non si propone quale campo disciplinare nuovo: va pensata come apporto alla delineazione delle finalità e dei processi di educazione in situazione multiculturale. Ciò induce a due considerazioni. La prima, l'educazione interculturale non è polarizzata e risolta sulla incentivazione delle risorse umane dei soli soggetti immigrati, ma si costituisce come fattore di qualificazione nuova dell'intero discorso pedagogico. Opportunamente si esorta a non illudersi che l'educazione interculturale possa da sola «rifondare adeguatamente il nostro impegno civile a livello planetario». Non basta una pedagogia della comprensione reciproca se non si prende coscienza del «fitto tessuto di interdipendenze che stringe l'una all'altra le etnie di cui è ricca la terra» (E. Balducci, 1992, p. 65). Ciò vuol dire che con la rete di interazioni che si attivano nella situazione educativa multiculturale si intendono gettare le basi di un diverso tipo di convivenza che postuli il riconoscimento dei diritti della persona in uno con il rispetto per le diversità culturali.

La seconda considerazione porta a delineare l'educazione interculturale come un'azione che impegna tutti a conoscere sé e il proprio ambiente nel rapporto con gli "altri" e i loro ambienti, non alienando la propria cultura, né misconoscendo la cultura dell'altro. Non si tratta di "conoscere gli altri dimenticando se stessi": al contrario occorre imparare a cambiare orizzonti e punti di vista per tornare poi sempre ai propri punti di riferimento, solidamente ancorati alle strutture culturali di cui ciascuno di noi è parte attiva, necessaria (M. G. Calasso, 1992). Tutto questo fa capire perché la strategia della "omologazione" non è pratica congruente con la natura dell'educazione interculturale: omologare, in questo caso, si coniuga con "assimilare", ossia col dissolvimento delle culture degli immigrati.

Ci si chiederà se la ricerca dello scambio e del confronto è obiettivo fine a se stesso, nel senso che si intende perseguire lo scopo di rendere vivibile la convivenza nella situazione multiculturale. Certamente questo è lo scopo perseguibile, ma esso non corrisponde l'istanza formativa che è emersa dalle considerazioni che precedono. Il dialogo che anima l'interazione deve aver riconosciuta la sua densità relazionale. Si dialoga per comunicare reciprocamente i nostri modi di essere, le nostre sensibilità, le nostre credenze, le nostre attese: il dialogare, quando si dipana genuinamente, è aprirsi all'altro, è capirne la personalità e, perciò stesso, percepire i significati delle matrici culturali che sottendono i comportamenti. Ciò ha forte rilevanza formativa, soprattutto perché promuove la condizione comparativa del rapporto interpersonale. Condizione che stimola a riflettere sulle proprie certezze, non tanto per incrinarle, se del caso, quanto per renderle più salde nella coscienza.

Nota Margaret Mead che «la nostra civiltà è costituita da diversi, ma non educa al senso della diversità, cioè non facilita il mutamento che il dialogo fra diversi provoca e realizza e che dà luogo a un fecondo scambio di pensieri e costumi». Aggiunge Ferrarotti che «lungi dal costituire un fattore di impoverimento e di decadenza, le differenze culturali e la loro mescolanza sono una risorsa preziosa» da non trascurare. Ancora Ferrarotti, in polemica con coloro che accolgono l'arrivo degli immigrati col grido "Hannibal ad portas!", osserva che non ci si rende conto che sono i barbari, gli altri, i diversi, che ci consentono l'attingimento della nostra piena, auto-riflessiva e auto-critica, identità» (F. Ferrarotti, 1993, pp. 124, 141).

Deliberatamente si è sostato sulle due citazioni per aver modo di inferire un motivo sicuramente determinante. Se la relazione col "diverso" va considerata come fattore formativo non secondario, in quanto consente progressivamente di qualificare l'identità culturale di tutti coloro che sono coinvolti nella quotidiana interazione fra autoctoni e immigrati, ciò significa che l'opera di integrazione sociale e culturale non si dirige esclusivamente a quanti sono accolti da altri Paesi. Autoctoni e immigrati sono gli uni agli altri "diversi". E sono tali perché a livello umano, sociale, educativo non si può negare alla persona il diritto di vivere i valori della sua cultura di appartenenza. Quindi, non si può impostare il rapporto coi "diversi" in termini assimilativi, ossia di tentativo di emarginazione e di negazione della personale identità culturale. Ciò vale per l'immigrato, e vale anche per l'autoctono. Se, come avremo modo di precisare, anche nella scuola si dovrà recedere da manifestazioni di etnocentrismo, l'educazione interculturale offrirà l'occasione per impostare in termini nuovi sia l'organizzazione curricolare che quella metodologica nelle nostre scuole.

2. La comparabilità delle culture

Cercando di definire le finalità dell'educazione interculturale si è fatto ripetuto richiamo al "confronto" e allo "scambio" quali strategie per approdare a una *cultura dialogica*. Infatti quell'intento educativo, pregiudizialmente, si indirizzerà a promuovere nell'ambito scolastico una condizione simbiotica che dimensioni i rapporti interpersonali in funzione dell'interesse per i valori delle diverse culture rappresentate sia nella scuola, sia nella comunità locale.

Tuttavia, una volta che è stato individuato l'obiettivo, dovranno essere assunte specifiche, adeguate strategie. A questo punto ci imbattiamo in una questione che può condizionare il medesimo operare didattico in una situazione di multiculturalità. Chiediamoci: si possono comparare due o più elementi, fra loro difformi, senza far ricorso a categorie interpretative? Riconoscere che il compito scritto di un allievo è migliore del compito presentato da un altro allievo richiede consapevole possesso di elementi, il più possibile oggettivi, in ordine alle capacità che gli allievi, a quel livello di studio, dovrebbero aver maturato.

Ora, se affermiamo la *diversità* delle culture di cui sono portatori i "diversi" e se attribuiamo a ciascuna di tali diversità peculiarità affatto assimilabili, possiamo attenderci dal "confronto" e "scambio" comportamenti di accettazione, di comprensione e anche di condivisione dei valori pertinenti ciascuna cultura? Forse è opportuno cercare elementi di risposta nella storia della antropologia. Fu negli anni '30 che assunse corposità il rifiuto di ricondurre le diversità culturali a una matrice unitaria: in sostanza, si misconosceva l'esistenza di valori comuni a tutte le culture. A delineare questo orientamento contribuì il superamento dell'*etnocentrismo*, che può essere sinteticamente definito come «il punto di vista secondo il quale la propria maniera di vivere è preferibile a tutte le altre» (M. Herskovits, 1948).

Il rifiuto dell'etnocentrismo si accompagna al *relativismo culturale*, inteso come affermazione delle differenze fra le culture fino al limite della loro incomparabilità. Ma ciò che qui più interessa riguarda la ricusazione che i "relativisti" compiono sia degli "assoluti culturali", sia degli "universali culturali". In altre parole, non si ritiene che esistano elementi strutturali comuni alle diverse culture. Certamente, ove questo orientamento avesse carattere oggettivo dovremmo temere la impossibilità di attivazione, anche nella scuola, di confronti utili alla reciproca comprensione delle diversità culturali.

Si deve dire che questa posizione incontra valutazioni negative nella antropologia contemporanea. Ricordiamo per tutti Malinowski, il quale «riconduce la cultura ai bisogni primari inerenti la natura biologica dell'uomo, cioè ai bisogni comuni a tutti gli individui e a tutte le società» (B. Malinowski, 1931). Le diversità culturali si innestano su quei bisogni comuni, che sono corrisposti con una sostanziale variabilità dei modi di soddisfarli. Basterà pensare alle risposte che le varie culture hanno dato e danno, ad esempio, al bisogno di nutrirsi. Ma si possono anche ricordare gli atteggiamenti e i comportamenti diversi che, in ambienti culturali differenti, si assumono in ordine ai rapporti fra i membri della comunità.

C'è quindi un rilievo interessante da prendere in considerazione: non si nega la diversità delle culture, anzi la si afferma in termini perentori; tuttavia ciò non esclude che vi sia modo di scorgere a fondamento delle culture medesime una serie di elementi "universali", o di "regolarità", come afferma Murdock, che consentono di "formulare uno schema teorico" utile a rilevare e confrontare manifestazioni fra loro decisamente diverse. In termini molto generali si può dire che «un *universale* è un concetto che può essere validamente usato per descrivere il comportamento della gente di ogni cultura» (W. Berry e altri, 1992).

Si potrà osservare che l'aggancio alla natura biologica non esaurisce le dimensioni dell'essere umano: quella è una natura non distintiva, perché l'uomo la condivide con gli esseri del mondo animale. In effetti, l'adattamento all'ambiente produce comportamenti e atteggiamenti comuni a un gruppo di esseri a ragione della sopravvivenza. In campo psicologico si trovano motivi che integrano il riferimento al fattore biologico della personalità. Si considerano i basilari processi psicologici come caratteristiche comuni alla vita umana ovunque. In altri termini, si rileva che i processi psicologici sono essenzialmente gli stessi, anche se espressi in forme e modi diversi.

Già questa integrazione amplia gli spazi del confronto fra culture diverse e, lo considereremo più avanti, essa potrà facilitare lo scambio di idee, sentimenti, interessi fra soggetti "diversi" all'interno della comunità educativo-scolastica. Si aggiunga un'ulteriore considerazione. La ricerca antropologica offre dati descrittivi e riflessioni analitiche sui comportamenti che si manifestano in questa o quella società: con questa dimensione euristica si approda alla configurazione della vita delle società come sistemi i cui aspetti sono tutti organicamente connessi. Ed è indubbio che quei dati e quelle riflessioni siano riconducibili alla individuazione dei significati che sottendono quella connessione organica.

Quindi, oltre l'utilizzo dei già ricordati "universali culturali" che corrono trasversalmente fra diverse culture e che aprono spazi al confronto e al dialogo fra autoctoni e immigrati, si devono tenere in debito conto quei significati che risulteranno giovevoli sia per una conoscenza della fisionomia culturale globale della società di provenienza, sia per una rilevazione degli eventi psicologici che caratterizzano i comportamenti di un individuo che da quella società è stato geneticamente e culturalmente espresso. A questo proposito ricordiamo Linton che precisa: «L'individuo è un organismo vivente capace di pensare, di sentire e di agire indipendentemente, ma limitato nelle sue reazioni dal contatto con la società e con la cultura in cui si sviluppa» (R. Linton, 1955, p. 29).

3. I MODI DELLA ACCULTURAZIONE

Perseguiamo qui lo scopo di porre in evidenza quanto può riuscire funzionale all'impostazione di un *progetto educativo interculturale*. Nelle pagine che precedono, dopo aver delineati i significati della *educazione interculturale*, si sono spese brevi considerazioni sulla "comparabilità" delle culture, cercando di legittimare la rilevazione di "universali culturali" quali criteri di descrizione e di analisi di ciascuna delle culture. Si è notato che tali categorie universali possono essere utilizzate in didattica per rendere efficaci confronto e dialogo nelle interazioni nella scuola multiculturale.

Un chiarimento pregiudiziale. Si è ricordata la "multiculturalità" nella scuola: è ovvio che questo status è possibile in una società multiculturale. Questa condizione può essere detta anche "pluriculturale"? Esprimiamo riserve, perché "pluriculturalismo" è termine che significa presenza di più culture in una comunità sociale. "Multiculturalità", invece, nella accezione attuale connota una situazione diversa: quella della convivenza di portatori di tradizioni culturali fra loro differenti. Ancora, nella dimensione del pluralismo culturale aveva posto la tolleranza (cioè, si accetta la convivenza, ma non si riconosce valore alle culture di cui sono portatori coloro verso i quali si manifesta la tolleranza); la multiculturalità riconosce la compresenza di culture diverse e postula la creazione di un contesto socio-politico nel quale gli individui possano sviluppare sane identità e positive disponibilità alla interazione culturale.

La Svezia offre l'esempio di un esplicito programma multiculturale, realizzato già dal 1975 e fondato su tre obiettivi: l'eguaglianza, la libertà di scelta, l'associazione. Dice Lundstrom: «L'obiettivo della eguaglianza implica un continuato sforzo per dare agli immigranti lo stesso standard di vita del resto della popolazione. L'obiettivo della libertà di scelta implica che l'iniziativa pubblica sia assunta per assicurare ai membri delle minoranze etniche domiciliate in Svezia una spontanea scelta fra il ritenere e sviluppare la loro identità culturale o assumere l'identità culturale svedese. L'obiettivo della associazione implica che gli immigranti da un lato e la popolazione nativa beneficino del lavorare insieme» (S. Lundstrom, 1986).

Questo indirizzo politico richiama l'attenzione sulla natura della situazione di multiculturalità: al momento è una realizzazione empirica le cui mete restano ancora in gran parte irrealizzate. Ferrarotti esorta a non «ritenere che la società multiculturale possa essere il prodotto spontaneo di scelte individuali, oppure l'effetto di una predicazione moralistica» (Ferrarotti, *op. cit.*). Fra l'altro ciò sollecita un responsabile impegno educativo, essenziale per corrispondere l'esigenza sopra ricordata.

Cerchiamo ora di configurare la condizione dell'immigrato in una società, come la nostra, che sta affrontando, non senza contraddizioni, il problema della multiculturalità. Si dovranno prima decifrare gli eventi che segnalano un processo di *cultural change*: in altri termini, con gli immigrati che giungono nel nostro Paese, si attiva un continuo contatto fra culture diverse; contatto che motiva cambiamenti nel comportamento degli immigrati (e non solo degli immigrati). In seconda istanza si rileveranno e si valuteranno i modi coi quali viene a realizzarsi quel contatto fra culture diverse.

È risaputo che ci si richiama al fenomeno della *acculturazione,* che "comprende quegli eventi che si manifestano quando gruppi di individui aventi differenti culture vengono in continuato contatto, con conseguenti cambiamenti nei modelli culturali originali, sia per l'uno che per l'altro gruppo" (R. Redfield e altri, 1936). Per chiarire i termini del fenomeno acculturativo, possiamo ripensare all'immigrante che avvia una nuova vita nel nostro ambiente culturale. Egli necessariamente entra in contatto coi nostri modelli culturali. È probabile che quel contatto non avvenga in modo sprovveduto, perché la decisione di immigrare sovente è presa dopo che l'individuo che emigra ha conosciuto, tramite parenti o amici già emigrati, i tratti dominanti del nostro ambiente. Nondimeno, l'immigrazione in un nuovo paese genera, di solito, reazioni psicologiche negative: differenze di clima, di abitudini di lavoro, di lingua, di religione, di modi di relazione, ecc. procurano problemi di convivenza, connessi a disagio psicologico relativamente alla fiducia in sé e alla diffidenza verso l'altro. Va notato che quelle differenze possono trovare nell'immigrato atteggiamenti di accettazione e interpretazione, ma possono anche muovere a un rifiuto.

Si è detto che quel fenomeno di acculturazione si manifesta a seguito del diretto contatto (o, interazione) fra culture. Quali sono gli effetti di tale contatto? Ciò è importante, perché sono gli individui coi loro comportamenti che impostano e interpretano quel rapporto culturale. Si nota che, quando ci troviamo di fronte a due culture che interagiscono, "in principio ciascuna delle due potrebbe influenzare egualmente l'altra, ma in pratica una tende a dominare l'altra, approdando alla distinzione fra il *gruppo dominante* e il *gruppo da acculturare*" (J. W. Berry e altri, *cit.*, p. 273). Aggiungiamo che i cambiamenti nella cultura dominante non sono senza importanza: l'acculturazione spesso causa l'espansione della popolazione, una maggiore diversificazione culturale, ecc., nonché indirizzi di sviluppo della comunità in relazione al pluralismo, al bilinguismo, alla scolarizzazione.

Naturalmente, l'acculturazione è un processo che si realizza nel tempo e che non provoca cambiamenti solo nelle culture: sono in primo luogo gli individui che assimilano e gestiscono il mutamento. Questo è un rilievo psicologico da tener presente allorché si vengono progettando e realizzando le attività educative nella scuola multiculturale.

Dovremo ora rilevare i modi nei quali si realizza l'acculturazione. Cioè, se il processo acculturativo si concreta in forme di cambiamento culturale, e se il mutamento si verifica in ambedue i versanti (quello della cultura degli immigrati e quello della cultura degli autoctoni), sono da focalizzare le "strategie" del processo medesimo, che si attiva con il coinvolgimento di entrambe le parti, che sopra si sono riconosciute quale cultura (o, società) dominante e quale gruppo da acculturare. Si profilano due atteggiamenti nell'immigrato: egli può desiderare di rimanere legato alla cultura di origine, non alienando la propria identità culturale e il proprio modo di vita; oppure, egli può ricercare una quotidiana interazione coi membri della società che l'ha accolto. Tali atteggiamenti generano o separazione dalla società di accoglienza o progressiva integrazione in essa.

Le strategie della acculturazione assumono così una definita fisionomia. Quando l'individuo o il gruppo da acculturare non cercano deliberatamente di mantenere la propria identità, proiettandosi invece a interagire con continuità coi membri della società di accoglienza, si profila la strategia detta della *assimilazione*. Nel caso opposto, cioè quando si vuol rimanere coerenti con la cultura di origine, rifiutando o riducendo al minimo le interazioni con l'ambiente di accoglimento, si disegna la strategia della *separazione*. Se, invece, c'è vivo interesse a mantenere insieme e la propria cultura e i contatti quotidiani con l'altra cultura, allora si parla di *integrazione*. Infine si ha il caso del disinteresse a mantenere la cultura originaria e parimenti si rifugge da rapporti costanti coi membri della più grande società: si verifica la condizione della *marginalizzazione*.

Quali effetti produce la acculturazione sulla personalità dell'immigrato? In altri termini, l'immigrato vive il processo di acculturazione nelle sue diverse forme: quali cambiamenti si possono rilevare nel modo di essere di costui? E poiché un "cultural change" implica assunzione di valori e di modelli di comportamento per lo più dissimili da quelli assimilati dalla cultura di origine, quali effetti si producono nella personalità? Si pensa a una perdita di identità e ciò non senza risonanze negative, se è vero che l'identità, come nucleo intrapsichico dinamico, è fattore di garanzia della unità della persona.

Questi sono interrogativi da non misconoscere. Chi ha compiti educativi sa che un soggetto che non trova il modo di ricostruire continuamente la propria identità, vivrà forme anche acute di disadattamento che precludono ogni opera di efficace educazione. In relazione all'oggetto di queste nostre considerazioni (e, cioè, alla identificazione delle condizioni che rendano possibile la progettazione e l'attuazione di un valido piano educativo da esperire in un contesto multiculturale) si deve dire che è necessario porre in luce natura e qualità dei cambiamenti che gli immigrati vivono nel loro progressivo approccio alla vita e alle strutture della società di accoglienza. Nelle pagine che seguono cercheremo poi di individuare strategie didattiche e metodologie pertinenti quelle esigenze educative.

Intanto dedichiamo qualche riflessione al processo acculturativo, proponendo la tabella tratta, con alcuni aggiustamenti, da Berry e Kim (*op. cit.*, p. 208), relativa al grado di cambiamento culturale e psicologico che si verifica nelle diverse forme di acculturazione (vedi tavola n.1).

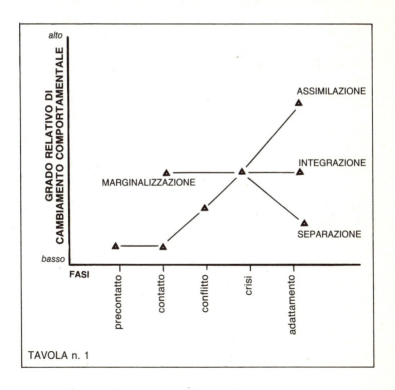

TAVOLA n. 1

Notiamo, anzitutto le diverse modalità del "contatto" che l'immigrato vive nell'ambiente di accoglienza: assumono significato particolare il "pre-contatto" (nel quale prevalgono le difficoltà di lingua e durante il quale si pone la impossibilità di attivare relazioni compiute con gli autoctoni), il "conflitto" (è psicologicamente e culturalmente inevitabile che l'immigrato non subisca tale condizione: il processo di ricostruzione della propria identità costringe a vivere difficoltà di inserimento nella vita dell'ambiente), la "crisi" (è il momento più delicato della presenza dell'immigrato nella società di accoglienza: in definitiva, il superamento di questa fase fa approdare a una scelta che configura risposte diverse, ciascuna delle quali profila forme di adattamento peculiare alla situazione).

Si è già rilevato che l'acculturazione produce cambiamenti nel comportamento: nella tabella si possono individuare i gradienti di tali mutamenti. Consideriamo l'*assimilazione*: di regola, è favorita dalla società di accoglienza, la quale si propone come società compiuta che non ha nulla da apprendere dagli immigrati portatori di altre culture. Palesemente tale pregiudiziale condizione non può generare che un elevato grado di cambiamenti culturali. Come esperienza emblematica si può ricordare il "Melting-Pot", il sogno di David Quixano che, nel 1908, auspicava con suo saggio portante quel titolo, una società americana nella quale le differenze etniche si sarebbero amalgamate, esprimendo una persona "nuova", superiore alle persone appartenenti a ciascuna etnia (A.M. Schlesinger, 1993, pp. 32, 36). Questo dice che l'assimilazione tende alla fusione psicologica e culturale di gruppi etnicamente diversi per approdare a una società omogenea, indifferenziata al suo interno.

Pare ovvio che l'assimilazione si operi verso la cultura dominante e, nel caso che consideriamo, quella della società che accoglie l'immigrato. In tal modo si attiva una "assimilazione psicologica": gli immigrati tendono a modificare la propria identità. Via via che il processo di assimilazione procede, essi si sentono sempre più parte della società di accoglienza che non membri del proprio gruppo etnico. Va notata la intrinseca incoerenza di questa condizione con l'ideale di una società multiculturale nella quale le culture diverse non sono tanto tollerate, quanto assumono il significato di risorse per la crescita comune di autoctoni e di immigrati. E va tenuto conto di ciò in relazione alle forme di educazione in scuole e classi multiculturali.

Accingiamoci ora a dare rilievo alla *integrazione*, quale forma dell'acculturazione e matrice di "cultural change". Qualche osservazione introduttiva relativamente al termine "integrazione": in termini generali significa composizione delle parti in un ordine nel quale l'unità prende rilievo rispetto alle componenti. Così c'è un'integrazione a livello biologico delle diverse parti e funzioni dell'organismo; c'è un'integrazione a livello psicologico per la quale processi, decisioni e azioni manifestano una reciproca dipendenza funzionale; c'è una integrazione sociale con la quale si ricerca la formazione o il perfezionamento della struttura sociale.

Sono accezioni che, in qualche misura, favoriscono la delineazione del significato specifico che "integrazione" assume nel processo di acculturazione. C. Lévi-Strauss interpreta l'integrazione quale risultato dello scambio tra individui di beni economici e culturali di ogni tipo (C. Lévi-Strauss, 1947). Dedichiamo particolare attenzione a quella reciprocità di "scambio". Intanto, emerge il senso della "alterità": ci si rapporta e ci si confronta con l' "altro" nella sua "diversità" e nella sua simiglianza: lo scambio è un modo per far emergere le "diversità". Ma vi è da considerare un altro aspetto della reciprocità di scambio. Ci soccorre ancora Lévi-Strauss quando afferma che «la découverte de l'alterité est celle d'un rapport, non d'une barrière». Come dire, insomma, che l' "altro", il "diverso" non devo percepirlo ostacolo alle mie esigenze di sviluppo e di affermazione; anzi, ogni rapporto incentiva scambio e confronto e ciò non può non incidere sui comportamenti.

Se valutiamo i due motivi che scaturiscono dalle citazioni di Lévi-Strauss (cioè, la essenzialità dello "scambio" e la produttività del "rapporto"), si può ricavare una concisa definizione del significato che ci pare possa essere attribuito alla "integrazione": è il processo con il quale l'individuo o il gruppo minoritario si coinvolgono nella realtà culturale e sociale del paese di accoglienza senza perdere o ricusare le caratteristiche della cultura di origine.

Quindi si genera una situazione relativamente equilibrata di continuità fra cultura tradizionale e approccio alla nuova cultura: i cambiamenti che si verificano nel comportamento dell'immigrato non solo non emergono come elementi potenzialmente conflittuali nei riguardi dei comportamenti dominanti nella società di accoglienza, bensì trovano come corrispettivi mutamenti che operano innovazioni nel tessuto di quella società.

Affiora qui un quesito: tale reciprocità di cambiamenti culturali esercita effetti positivi sul contesto della convivenza di culture diverse? E poi, la coesistenza di atteggiamenti e comportamenti fra loro accentuatamente dissimili potrà esprimersi in forme di conflittualità continua, per la quale il sentimento di appartenenza etnica tenderà a radicalizzarsi? Sono condizioni che non di rado sono rintracciabili nella situazione multiculturale scolastica, nella quale immigrati e autoctoni cercano scambio e confronto, ma colorano i loro comportamenti con la rigidità di chi ritiene di essere lui solo in possesso del vero e del giusto. C'è da pensare che, allorché ci si impegni a promuovere il processo di "integrazione" fra allievi di diversa origine culturale, ci si imbatta in atteggiamenti che sono ancora alimentati da pregiudizi, primo fra tutti quello dell'etnocentrismo.

Di fronte a tali oggettive difficoltà ci si può sentire disarmati, perché va ritenuto per certo che ove si imposti il progetto educativo sul criterio della "assimilazione" dell'"altro" nel tessuto della nostra cultura, vengano meno i presupposti della convivenza di culture diverse e del rispetto delle medesime nella loro essenzialità.

Non pare dubbio che promuovendo il processo di integrazione si abbiano buone possibilità di espungere o ridurre al minimo le difficoltà sopra ricordate. Precisiamo che tale processo deve far perno sulla volontà e sulle esigenze personali: si vuol dire che negli immigrati deve affermarsi l'interesse a interagire con i membri della società di accoglienza e, d'altra parte, gli autoctoni debbono liberarsi da inveterati pregiudizi e incontrare e confrontarsi con gli immigrati, manifestando sincera disponibilità non solo a capire i loro problemi di sopravvivenza, bensì anche di cogliere i significati culturali dei loro comportamenti.

Questa linea di condotta non favorisce solo l'interazione fra mondi culturali diversi, stimola anche un vicendevole confronto che non può non risultare fecondo stimolo alla sempre più approfondita interpretazione dei tratti caratterizzanti quei mondi. Ovviamente, tali dinamiche non esercitano solo effetti benefici sulle modalità della convivenza (accettazione e fiducia nell' "altro", ricerca di cooperazione, ecc.), si affermano anche come validi incentivi del processo educativo. Osserva opportunamente Banks (J.A. Banks, 1988) che quando le persone si rendono capaci di convivere, partecipando, con culture diverse, esse hanno la possibilità di trarre profitto dalla globale esperienza umana. Quando ci si nega questa prospettiva, ineluttabilmente la nostra esperienza rimane limitata, perché preclusa a importanti settori della più vasta esperienza umana. Si racconta un simpatico aneddoto su una fanciulla cui era stato chiesto di scrivere una composizione sulla condizione di una famiglia povera. Ne venne fuori questo scritto: «Quella famiglia era veramente povera. La mamma era povera. I fratelli e le sorelle erano poveri. La cameriera era povera. La "nurse" era povera. Il maggiordomo era povero. Il cuoco era povero». È la prova che quella fanciulla non aveva modo di pensare la costituzione di una famiglia povera diversa dal modello della propria famiglia, sicuramente benestante. Essa rimaneva preclusa alla esperienza di altri mondi culturalmente e socialmente diversi (E. Kiester, citato in J.A. Banks, 1988).

Non si deve perdere di vista che la convivenza con altre culture incide positivamente sullo sviluppo delle capacità mentali. «Una mente formata in senso plurietnico è una mente più complessa, più ricca di capacità connettive, più propensa alla teorizzazione, più in grado di comprendere le ragioni degli altri. Attenta quindi più alla interazione tra le parti che alla difesa incondizionata del particolare e dell'interesse locale» (M. Abdallah-Pretceille, 1990). Ancora una volta è opportuno segnalare che i cambiamenti che si verificano negli individui che vivono una realtà multiculturale con l'intento di avvalersi dei contributi che possono scaturire dal confronto con gli "altri" senza rinunciare a modelli e valori della cultura di origine, trovano la loro categorizzazione nei processi mentali e nella coscienza. Ciò dice che nella situazione educativa multiculturale sarà premura dei docenti di favorire il processo di "integrazione" delle culture animando l'impegno cognitivo nella ricerca dei significati da conferire ai cambiamenti che si vengono verificando nei comportamenti.

Concludendo le riflessioni sulla "integrazione" quale forma della "acculturazione" va ricordato che tale processo non può andare disgiunto dalla "interazione" fra le diverse culture. È legittimo parlare di "integrazione interattiva", anche allo scopo di una netta distinzione dalla "integrazione assimilativa" per la quale, lo si sa, si postula l'assorbimento senza residui delle culture degli immigrati nella cultura della società di accoglienza. Caratterizzare il processo di integrazione nel quadro delle dinamiche interattive significa predisporre tutte le condizioni tramite le quali la multiculturalità non è semplice e anonima compresenza di soggetti portatori di culture diverse; è invece opportunità di incontro, confronto, di scambio e dialogo e, perciò, di continua interazione per accrescere gli spazi di reciproca conoscenza e di reciproca disponibilità a cercare forme di convivenza compatibili coi valori peculiari di ogni cultura. A ben guardare, l'integrazione interattiva ricava il suo reale significato se la si prospetta nel quadro degli intenti educativi. E ciò non è senza valore per quanti debbono provvedere alla progettazione e alla realizzazione di attività educative nella scuola che ospita allievi immigrati.

Abbiamo dedicato distese considerazioni alle due più rilevanti strategie della acculturazione, appunto alla *assimilazione* e alla *integrazione*: richiamandoci alla tabella 1, dobbiamo avanzare qualche riflessione sulle strategie della *separazione* e su quella della *marginalizzazione*. Si verifica il fenomeno della "separazione" allorchè l'immigrato, dopo tentativi di integrarsi coi modelli della cultura di accoglienza e dopo aver affrontato anche interiori conflitti, sbocca alla ricusazione di tale cultura, cercando di recuperare totalmente i valori della sua tradizione culturale d'origine. Gli antropologi giudicano questa una situazione stressante, poiché l'ambiente esercita quotidianamente incidenze che rinnovano quei conflitti. Nella situazione scolastica ciò provoca atteggiamenti di distacco e rifiuto delle opportunità che la scuola offre.

La "marginalizzazione" configura un soggetto che è come sospeso fra le due culture: è ancora forte l'attaccamento alla cultura di origine, mentre l'ambiente di accoglienza richiede comportamenti coerenti con le esigenze della quotidiana convivenza. In breve, l'immigrato resta ai margini della vita della società che l'accoglie. Anche questa, come la precedente, è una condizione stressante che rende improbabile una positiva interazione. È un caso cui dedicare specifico interesse quando quella condizione è vissuta da un allievo nella scuola multiculturale.

Si è visto che il processo di integrazione non è pertinente solo il "diverso", l'immigrato: anche gli allievi autoctoni debbono riuscire a integrarsi nel mondo culturale dei "diversi" coi quali condividono la vita della scuola. Ci si può chiedere se gli allievi autoctoni possano soffrire dei fenomeni di "marginalizzazione" e di separazione. Pare da escludere la "marginalizzazione": l'autoctono fa esperienza nel mondo culturale nativo. Semmai qualche riflesso può essere esercitato dallo stato di "separazione": vi può essere l'autoctono che non riesce, per ragioni diverse, a interagire con gli immigrati perché ne rifiuta i modelli culturali. È più facile che ciò si verifichi con adolescenti e giovani, anziché con bambini e fanciulli per i quali il tramite affettivo gioca un ruolo risolutivo di ogni difficoltà che emerga dall'incontro.

4. L'IMPATTO CON LA CULTURA DEL PAESE DI IMMIGRAZIONE

Assunto che il "contesto" è oggetto di continuo riferimento per una appropriata elaborazione del progetto educativo interculturale e indicati i possibili itinerari del processo di acculturazione, dedichiamo breve spazio all'impatto che vivono gli immigrati allorché debbono confrontarsi con la cultura della nostra società. Tali rilevazioni intendono porre in evidenza come e in che misura tale impatto favorisce, o meno, l'affermarsi delle personalità in un clima di aperta disponibilità al "diverso". Si tratta di una limitata e non organica ricognizione, data la varietà delle provenienze degli immigrati. Si aggiunga che quella è una ricognizione che si connota più specificamente nell'ambito psicologico: in effetti, non è possibile sempre categorizzare gli atteggiamenti che discendono dalla personale reattività che ciascun immigrato oppone a valori e comportamenti dei membri della società che lo accoglie. A solo titolo enumerativo, si ricorda che il flusso immigratorio in Italia vede marocchini e tunisini quale componente maggioritaria e più diffusa della immigrazione. Seguono: senegalesi, ganesi, capoverdiani, polacchi, immigrati dai paesi dell'Est.

Poiché la ricognizione va finalizzata alla individuazione di elementi che possano qualificare e rendere funzionale formulazione e realizzazione del progetto educativo, qui di seguito faremo richiamo solo di quegli eventi che possono corrispondere tale finalizzazione. Attenzione prioritaria andrà alle *ragioni della emigrazione*: non è dubbio che motivazioni diverse richiedano risposte anche educativo-didattiche diverse. Perché si emigra? Sembrano prevalenti le ragioni economiche a causa del sottosviluppo dei paesi che si vogliono lasciare. In questo caso l'immigrato avrà come preoccupazione prima la ricerca di un lavoro: l'interesse a una qualche forma di impegno per accrescere conoscenze e abilità sarà strettamente dipendente dal pressante bisogno di lavoro. In questa prospettiva è comprensibile l'esigenza di apprendere, sia pure in modo rudimentale, la lingua del paese di accoglienza. Connesse a queste ragioni economiche stanno quelle relative al bisogno di uscire dalla marginalità: ragioni queste ultime che segnalano la interiore esigenza di realizzarsi e di affermarsi, dopo un passato caratterizzato da frustrazione e emarginazione.

Sottesa a questi intenti c'è la cosiddetta "ansia del cambiamento": sentimento che sollecita anche coloro che vogliono abbandonare il loro paese per spirito di avventura, oppure che si sentono attratti dall'immagine del mondo occidentale, "ricco di civiltà e aperto al progresso". Si capisce bene che questa condizione affettiva non può andare delusa, specie da parte di quanti hanno compiti educativi; oltretutto perché il bisogno di cambiamento deve essere corrisposto con l'intento di far evolvere la qualità della vita, sia sul piano strettamente economico-sociale, che su quello culturale e etico.

Meritevole di attenzione è anche la *condizione dell'immigrato al primo impatto* col nuovo ambiente. Vi giocano ruoli decisivi sia il rimpianto per il paese di provenienza, sia gli atteggiamenti coi quali gli immigrati vengono accolti. La difficoltà o addirittura la impossibilità di comunicare aggrava la già difficile situazione. Non accettazione, se non proprio ostilità, separa autoctoni e immigrati e ciò favorisce l'insorgere di diffuse condizioni di emarginazione dei "diversi", i quali non trovano di meglio che chiudersi in un isolamento culturale coi soli connazionali. In queste condizioni il processo di integrazione stenta ad instaurarsi, anche a ragione dei tratti caratterizzanti la personalità di ciascun immigrato e della sua maturità culturale. Confessa Halima, tunisina che si trova in Italia da quindici anni, che «sempre ho voglia di piangere e mi domando: perché sono venuta in Italia?» (Testimonianza raccolta da R. Rahbari, 1989). È palese il sentimento di delusione: si aveva in mente l'idea di un paese avanzato, con alto tenore di vita, nel quale ci sarebbe stata la possibilità per tutti di vivere meglio; ci si è trovati invece in un ambiente nel quale faticosamente si ha la possibilità di sopravvivere. Inoltre, in quell'ambiente ci si sente estranei per radicali diversità di comportamenti. Dice Lilli, nata ad Asmara e in Italia dal 1973, che le è sembrato «un mondo di gente che ha paura degli altri (...) La mia gente è diversa, ha sempre il sorriso, anche se ha un sacco di problemi. Qui tutti corrono (...) Alla gente manca qualcosa, oppure l'hanno soffocata (...) La gente è concentrata su se stessa, non c'è disponibilità e sincerità (...) In Occidente si perde il contatto con se stessi, con la natura, la vita» (Università La Sapienza, 1984). Per chi esplica compiti educativi in una situazione multiculturale, questi giudizi non evidenziano solo il disagio che si vive nel nuovo ambiente di vita, rimarcano bensì una diversità culturale che non va persa di vista. La nostra appartenenza culturale è sicuramente qualificabile come individualistica: le società occidentali enfatizzano competitività, fiducia nelle personali risorse, libertà. Inversamente, altre società, quella cinese, quelle africane in genere, valorizzano il sentimento di comunanza, l'utilità sociale, l'accettazione della autorità. Lilli avverte acutamente questa diversità, che la sottrae allo spirito di convivialità cui essa era adusa nel suo paese di origine. Comunque, nostalgia per ciò che l'immigrato ha lasciato e abbattimento per le continue difficoltà con le quali deve confrontarsi non facilitano la ricerca di una identificazione con usi e costumi del nostro Paese. Va detto che quelle difficoltà trovano incentivazione negli atteggiamenti degli autoctoni. Si sa bene che ciò che è diverso viene inteso comunque come minaccia, insidia. Un riferimento storico di Cassano conferma tale giudizio. Egli scrive: «Non sono stati soltanto gli Ebrei a chiamare con disprezzo tutti gli altri *gojim* e i Greci a definirli *bàrbaroi*. La stessa cosa fecero i cinesi, che dissero tutti gli stranieri *daszy* (cioè, barbari)» (F. Cassano, 1989, p. 94). Quel sentimento di rifiuto del diverso probabilmente opera a livello istintivo, generando uno stato evidente di ambiguità tra il riconoscimento astratto del diritto alla diversità e la capacità di confrontarsi in continuità col diverso «in un rapporto dinamico tra due entità che si danno reciprocamente un senso» (E.M. Lipiansky, 1989, p. 82). Non solo, tale ambiguità si annida anche negli atteggiamenti di solidarietà, quando cioè si auspicano interventi sociali a favore degli immigrati, ma non si è capaci di attivare forme personali di interazione con costoro. Ciò non può che provocare separazione e marginalizzazione dei diversi. C'è da dire che questa non è la condizione della generalità degli immigrati: vi è anche chi sa reagire allo sconforto, apprezzando i sia pur minimi vantaggi conseguiti rispetto alle condizioni di vita che offriva il paese di origine.

Ove questi ultimi trovino supporti, quali provvidenze concernenti casa, ricerca di occupazione, assistenza sanitaria, cura ed educazione dei figli, si può ritenere che il processo di integrazione aprirà forme sempre più producenti alla interazione e al confronto. Lo notano i Grinberg: «Se la personalità dell'immigrato è sana, razionali le motivazioni della emigrazione, adeguate le condizioni in cui essa avviene e ragionevolmente accogliente il nuovo ambiente, l'individuo si andrà impegnando sempre più nella sua nuova forma di vita» (L. e R. Grinberg, 1990, p. 82).

5. Aspetti del progetto educativo interculturale

La progettualità si propone come carattere eminente nella pedagogia e nell'educazione contemporanee. Si sa bene che tale costume è retaggio dello spirito tecnologico che ha pervaso anche molti aspetti del mondo educativo: modelli e linguaggi delle scienze formali trovano ora spazio in pedagogia. "Progetto educativo", "progetto didattico", "programmazione", "comunicazione", ecc. sono informati alla razionalità, alla intenzionalità, alla sistematicità, al controllo propri delle scienze. Ciò apre alla individuazione dei momenti fondanti la qualificazione tecnologica di tali impegni pedagogici e didattici: quello del "design", cioè della progettazione intesa come elaborazione di un disegno in cui convergono fattori contestuali e obiettivi da conseguire; quello della "implementation" o della attuazione del progetto; quello relativo alla "quality control" o, in altre parole, della valutazione.

Non è difficile individuare le motivazioni che innervano la progettualità: appare subito chiaro che si vuole sottrarre l'area educativo-didattica all'alea della improvvisazione, dello spontaneismo operativo, dell'assenza di una appropriata valutazione degli esiti della attività di educazione. Ne discende che ogni impegno di progettazione (e, quindi, anche di quella educativa) rimanda alle risorse creative nella identificazione dei percorsi formativi adeguati alle reali esigenze educative dell'ambiente. Si aggiunga che la progettualità favorisce un consapevole fronteggiamento e, perciò, una capacità di controllo della complessità del fatto educativo.

Progettare, in qualche misura, vale anticipazione del futuro: si prefigura un traguardo da conseguire correlando il vissuto (*Erlebnis,* come atteggiamento o espressione della coscienza) col "possibile". Questo è un momento rilevante nel processo di progettazione, perché esprime il significato della intenzione che dà senso al "design". Cioè, la consapevolezza del vissuto consente di inferire una prospettiva di cambiamento. Si è soliti dire che l'educazione è pensata come tentativo di "cambiare qualcosa in un uomo": la coscienza del significato educativo del cambiamento che ci si propone di provocare risulta dalla combinata interpretazione del vissuto e delle mete che intendiamo conseguire col "progetto" e la sua attuazione.

In altri termini, la pedagogia non si limita «al vettore diagnostico, ma si proietta anche sul versante prognostico; non si ferma semplicemente allo studio del fenomeno educativo, ma vi imprime una intenzionalità tesa a orientarlo verso un orizzonte di senso» (F. Poletti, 1992, p. 126). Si progetta per consentire al soggetto educando di attingere orientamenti e criteri per realizzare pienamente la propria vita. Ciò induce a delineare i tratti essenziali del *progetto educativo*. Se la intenzionalità dà significato al progetto, lo può nella misura in cui sottintende valori cui ispirare il disegno educativo: non è plausibile una progettazione che non si riconduca all'idea che si ha dell'uomo. C'è sempre una concezione dell'uomo e della vita alla radice dell'intento progettuale. Da questa impostazione emergono i fini dell'educare, quali elementi connotanti un progetto educativo. Quei fini si pongono come polo di riferimento dell'azione educativa nella sua complessità.

Chiediamoci: quegli elementi del progetto educativo dovranno assumere diversa caratterizzazione quando si ponga mano alla progettazione in situazione multiculturale, nella quale interagiscono culture diverse e, quindi, differenti identità culturali? Ove si risponda affermativamente ci si attesterebbe su un concetto di eguaglianza puramente formale: come dire che autoctoni e immigrati che convivono nella scuola sono esseri umani; perciò nulla di più producente che un'educazione comune orientata ai fini generali dell'insegnamento. È chiaro che tale orientamento progettuale configurerebbe una scuola che privilegia la integrale assimilazione dei "diversi" nel quadro della cultura di accoglienza. In tal modo il progetto educativo non potrebbe essere qualificato come "interculturale". Questa qualificazione sarà attingibile solo se la fissazione dei "fini" dell'educazione interculturale sarà coerente con l'essenza personale di ciascuno degli educandi e, di conseguenza, delle culture di cui sono portatori e dei modi coi quali le manifestano.

In altri termini, nella scuola si consentirà a ciascuno dei soggetti di esprimere la propria identità culturale; ma, appunto perché il ruolo primario della istituzione educativa è quello promotivo, una azione di stimolo si concreterà nella animazione della capacità di confronto e, perciò, di decentramento del punto di vista, per trascendere se stessi, sia pure senza rinnegarsi. Questa dinamica non può che contribuire a "rigenerare una identità più vera, una fisionomia più autentica, che è quella riconquistata alla luce di un valore universale (il valore, diciamo noi, di *persona*)". (M. Manno, 1991, p. 127). In tal caso si può parlare di un "progetto educativo interculturale" finalizzato alla esigenza di realizzazione dell'unità nella diversità, non prescindendo dalla esistenzialità concreta dei soggetti verso i quali sarà diretta l'intenzione educativa che sta a capo del progetto medesimo.

Appunto questo richiamo alla concretezza, espresso senza alienarsi da una fondazione culturale del progetto, avvia a una seconda caratterizzazione di quella progettazione. Una volta che si siano individuati i fini dell'educazione nella situazione multiculturale, debbono essere decifrate le trame del tessuto entro il quale iscrivere un impegno educativo che, sorretto da una profonda consapevolezza dei traguardi da conseguire, si attui nel quadro delle concrete esigenze dei soggetti educandi, in specie di quelli portatori di culture "diverse".

Qui sopra, sia pure in termini di essenzialità, si sono contestualizzati i comportamenti degli autoctoni (e, in particolare, della più estesa società di accoglienza) e degli immigrati nel loro primo impatto con il nuovo ambiente di vita. Lo scopo di tale contestualizzazione è evidente: se si vogliono porre in atto interventi educativi adeguati alle effettive risorse e ai concreti atteggiamenti dei soggetti educandi, si dovrà aver cura di sondare con perspicacia e continuativamente quali siano le reazioni che emergono dalla instaurazione di un rapporto educativo in una istituzione scolastica, sia negli allievi autoctoni, sia con particolare interesse negli allievi immigrati.

In linea generale, anche questa parte del progetto dovrà ispirarsi alla esigenza primaria della educazione interculturale: promuovere interazioni e confronto col deliberato intento di erodere progressivamente i pregiudizi che di continuo attentano la possibilità di una producente convivenza di esseri umani portatori di culture diverse. Su un piano più specifico si progetterà una condizione scolastica di *ascolto,* perché vanno esplorati tutti gli atteggiamenti e i comportamenti degli allievi, evitando di attestarsi su una rilevazione fenomenica, ricercandone anzi le motivazioni nel vissuto della cultura di appartenenza. Se un immigrato ha tendenza a isolarsi dal gruppo degli autoctoni, andranno accertate le cause di tale atteggiamento e, conseguentemente, progettati interventi che, a breve o a lungo termine, possano far superare quella condizione.

Naturalmente la disponibilità all'*ascolto* deve accompagnarsi alla disponibilità al *dialogo*, che con avveduta gradualità diverrà la dominante della situazione scolastica, anche quando la comunicazione fra immigrati e autoctoni risulterà ancora difficoltosa: si dovranno prefigurare organici interventi che favoriscano l'incontro fra soggetti di culture diverse: il gioco, il complesso ambito espressivo, la drammatizzazione, la cooperazione in attività di modellamento, di costruzione, ecc. E ciò come introduzione a incontri sempre più qualificanti, allorché la competenza comunicativa consentirà descrizione di esperienze, formulazione di giudizi, espressione di sentimenti ed emozioni, ecc.

Poiché si dà qui spazio alla contestualizzazione quale fattore significativo della progettazione educativa, è necessario rilevare due riferimenti sostanziali, quello che riguarda il docente e quello che rimanda all'ambiente extrascolastico. Per ciò che concerne il docente siamo di fronte a un problema di autoreferenzialità. In breve, l'insegnante non è estraneo al contesto: i suoi modi di essere concorrono a intessere il contesto medesimo. Per cui anche il docente qualifica i suoi comportamenti in ordine a specifici assunti culturali. Inevitabilmente ciò imprime all'attività educativo-didattica caratteri che risentono in buona misura dei fondamenti religiosi e etico sociali della personalità del docente medesimo.

Ne discende un impegno professionale: l'insegnante commisuri la sua appartenenza a una determinata cultura con la possibilità di accettare, capire, interagire con coloro che sono portatori di culture "diverse". Fare, a priori, chiarezza su questa condizione potrà facilitare certo l'esplicazione delle attività di educazione interculturale, ma soprattutto risulterà producente per una progettazione che effettivamente corrisponda l'esigenza di contribuire a realizzare "l'unità nella diversità".

Il progetto educativo interculturale deve avere radici nel vasto mondo extrascolastico e, in particolare, nell'ambiente sociale nel quale convivono autoctoni e immigrati. Si sono rilevate le molteplici difficoltà dell'incontro e della convivenza e si sono poste in evidenza le diverse forme di acculturazione che possono prendere consistenza in questa o in quella società. La progettazione si qualifica come tale in quanto anticipa il futuro ipotizzando il conseguimento di traguardi innovativi e si determina come "educativa" in quanto orienta e direziona quella innovazione. Si vuol dire che la scuola che ospita immigrati progetta un piano educativo che, implicitamente, deve configurare anche un'evoluzione dei sentimenti e degli intendimenti che sono diffusi nella società nella quale si opera. Evoluzione che può risultare superamento di inveterati pregiudizi razziali e etnici per approdare a un processo di integrazione che rispetti il diritto di salvaguardia delle personali appartenenze culturali. Direi che il progetto educativo deve salvaguardare quel diritto anche opponendosi ai sentimenti dominanti nelle società nelle quali si postula un processo di radicale assimilazione del diverso nella cultura dell'ambiente di accoglienza.

Sono questi gli elementi portanti di un progetto educativo che intenda facilitare l'evolversi delle coscienze individuali verso la convivenza delle "diversità". Nelle situazioni locali quegli elementi porteranno l'attenzione dei docenti sia sulle esigenze concrete dei gruppi di immigrati, sia sulla delineazione di strategie didattiche che contemperino il criterio della individualizzazione dell'insegnamento con l'irricusabile istanza per la quale l'arrichimento culturale degli allievi non debba sfociare a forme di "segregazione", bensì apra al confronto sempre più intenso e qualificato. Nelle pagine che seguono si farà ampio esame dei problemi di scelta dei contenuti (organizzazione del curricolo) e di approntamento di metodi coerenti coi motivi qui presentati.

Capitolo Secondo

PROGETTAZIONE EDUCATIVA E PSICOLOGIA TRANSCULTURALE

1. L'apporto dell'antropologia

Una considerazione sulla impostazione del capitolo che precede: vi è chiara la dominanza della componente antropologica. In effetti, il sotteso intento era diretto a dar significato alla natura "interculturale" del progetto educativo e, pertanto ci si è attardati a rilevare, sia pure per sommi capi, le condizioni che l'immigrato vive allorché si immette nel tessuto culturale e relazionale della società di accoglienza. Quindi, sia l'interesse alla "comparabilità delle culture", sia la descrizione dei "modi della acculturazione", sia ancora la individuazione degli eventi scaturenti dal primo impatto con la società nuova si sono coagulati sugli aspetti prevalentemente antropologici della presenza dell'immigrato.

Si è fatto tesoro di molti motivi, nei quali ci siamo imbattuti, per delineare le linee portanti del progetto educativo interculturale. Ma appunto, nel corrispondere quest'ultimo impegno, si sono avvertite carenze anche rilevanti: in sostanza, limitandoci a enumerare le modalità di acculturazione, sia pure nel quadro della comparabilità delle culture, abbiamo esplicato un compito prevalentemente descrittivo di condizioni che vengono recepite come esterne all'individuo. Poiché è nostro intento fissare criteri adeguati alla impostazione e all'esercizio di un'attività educativa in una situazione multiculturale, pare necessario recuperare apporti che consentano di corrispondere tale intento. Quello dell'antropologia, se assunto come fine a sé, è un contributo non certo trascurabile; ma ai fini di una progettazione educativa occorre recuperare, per interpretarle, le manifestazioni della personalità del soggetto, colte nel vivo del contesto culturale e relazionale.

In altri termini, l'immigrato, prima del passaggio ad altro ambiente culturale, ha realizzato il suo esistere nell'ambito della cultura di origine: chiediamoci, allora, quali siano stati gli effetti di quel rapporto sulla personalità. La cultura ha esercitato forti incidenze di modellamento? I comportamenti che quella cultura proponeva risultavano solo tratti da assumere e vivere acriticamente? E ancora: quell'immigrato valica i confini della sua terra di origine e si insedia nell'ambiente di accoglienza. Si presenta una condizione analoga alla precedente: egli deve ristrutturare comportamenti e manifestazioni della sua personalità, talvolta fino alla condizione estrema della assimilazione totale al contesto della nuova cultura? Sta di fatto che i bambini nati in una particolare società diventano partecipi della loro cultura di appartenenza e che tale partecipazione si rivela non solo condizione di adattamento, bensì anche fattore di sviluppo della personalità. Geertz radicalizza questo concetto quando scrive che «l'immagine di una natura costante, indipendente da tempo, luogo e circostanze, dagli studi e dalle professioni, dalle mode passeggere e dalle opinioni temporanee, è forse una illusione, e che ciò che l'uomo è può intrecciarsi talmente con il luogo in cui si trova, con la sua identità locale e con le sue credenze da diventarne inseparabile. (...) L'antropologia moderna è salda nella convinzione che uomini non modificati dalle usanze di luoghi particolari non esistono e non sono mai esistiti» (C. Geertz, [1973] 1987, p. 77).

Non è dubbio che questo dato antropologico espresso da Geertz abbia una sua specifica e penetrante valenza. Tuttavia in questa sede, cioè nella prospettiva educativa, non è bastevole rilevare una dipendenza, quella appunto dell'individuo dalla cultura della società di appartenenza: occorre porre in luce le condizioni di tale dipendenza. In realtà pare che sui soggetti in età evolutiva, le istituzioni con le quali l'individuo viene in contatto esercitino incidenze che condizionano il formarsi della personalità. Osserva Kardiner che "gli individui che costituiscono una società, all'inizio sono plasmati dalle istituzioni della cultura che li ospita" (A. Kardiner, [1939] 1965, p. 46). Come si vede, si tratta di una dipendenza che definiremo funzionale: ossia la società utilizza la cultura per rendere possibile all'individuo in età evolutiva di potersi inserire nel contesto culturale e sociale.

Nella dimensione pedagogico-educativa si enucleano due richieste: per il soggetto in età evolutiva l'incidenza della cultura deve risultare precipuamente adattava? Rispondiamo con le parole di R. Benedict: «Nessun antropologo che conosca culture diverse dalla nostra ha mai pensato agli individui come automi che eseguono meccanicamente le prescrizioni della loro civiltà» (R. Benedict, [1934] 1970, p. 253). Ciò implica che anche nel periodo evolutivo, durante il quale si promuovono le essenziali capacità personali, non si possano precludere ai soggetti spazi di autonomia. Questa notazione ha rilevanza nella situazione educativa interculturale: la conoscenza di ciascuno degli allievi immigrati non può esaurirsi nella presa d'atto dei comportamenti "diversi"; deve estendersi anche agli atteggiamenti che quei soggetti hanno assunto e assumono nei riguardi della loro cultura di origine.

La seconda richiesta verte sulla natura della cultura alla quale gli individui partecipano e sulla quale essi fanno perno per manifestare i loro comportamenti: è un'entità fissa e immutabile, ovvero è oggetto anch'essa di dinamiche che in continuità la riorganizzano? E se la risposta non può non essere quella del continuo rinnovamento, che parte vi giocano i singoli membri della società? E ancora, è certo che individui e ambiente interagiscono. Ai fini della progettazione educativa è necessario aver consapevolezza dei processi che si attivano nella interazione. Ci dovranno soccorrere sia l'antropologo che lo psicologo: infatti spetta all'antropologo interpretare i modi della relazione e allo psicologo si chiede di individuare i processi che i soggetti vivono nel rapporto di partecipazione alla cultura dell'ambiente di appartenenza.

Questa convergenza degli apporti dell'antropologo e di quelli dello psicologo non va considerata come un evento casuale. Si concorda con Devereux, il quale ritiene che criterio antropologico e criterio psicologico risulteranno conoscitivamente validi se assunti in un rapporto di complementarità. «Un fenomeno umano, egli scrive, che venga spiegato in un solo modo rimane, per così dire, ancora inesplicato, anche e soprattutto se la prima spiegazione lo rende perfettamente comprensibile e controllabile nel quadro di riferimento che gli è proprio» (G. Devereux, [1972] 1975).

2. Culture e personalità

Non può meravigliare l'interesse che qui si viene palesando nei confronti della nozione di "cultura". Nella situazione educativa multiculturale si devono fronteggiare le espressioni di più culture: è possibile una gestione corretta e proficua della situazione in termini educativi solo se si ha buona consapevolezza dei significati che appunto le culture assumono nei riguardi e dei singoli soggetti e delle medesime società.

Si deve risalire alla seconda metà del 18° secolo per ritrovare quella definizione del concetto di cultura che dà fondamento all'idea di multiculturalità. È una definizione che si distingue da quella, di ciceroniana memoria, di *cultura animi*, cioè della cultura umanistica intesa quale fattore di formazione della personalità e di attivazione nell'individuo della capacità di progredire. In sostanza, si attinge un concetto scientifico di "cultura", «quello elaborato dalla scienza antropologica con l'intento di riconoscere il valore delle forme di organizzazione sociale e dei costumi di tutti i popoli, anche di quelli tradizionalmente denominati "primitiviti"» (P. Rossi, a cura, 1970, p. VII). A titolo esplicativo si riportano due definizioni di "cultura": sono definizioni di carattere meramente descrittivo. Tylor (1871) scrive: «La cultura, o civiltà, intesa nel suo ampio senso etnografico, è quell'insieme complesso che include la conoscenza, le credenze, l'arte, la morale, il diritto, il costume e qualsiasi altra capacità e abitudine acquisita dall'uomo come membro di una società».

È naturale che anche intorno alla natura del concetto di "cultura" vi sia stata ricerca di approfondimento: lo si noterà anche solo riflettendo sulla seconda definizione che proponiamo. È di Herskovits e risale al 1948. Così si esprime l'antropologo americano: «La cultura è in sostanza una costruzione che descrive il *corpus* totale di credenze, comportamento, conoscenze, sanzioni, valori e fini che improntano il modo di vita di qualunque popolo. Cioè, sebbene una cultura possa essere considerata dallo studioso passibile di una descrizione oggettiva, in ultima analisi essa comprende le cose che la gente ha, le cose che fa e quello che pensa» (Herkovits, 1948). Sono facilmente rilevabili alcuni essenziali motivi. Anzitutto quello della peculiarità culturale di ogni popolo. Questo giustifica perché si parla di *culture*: e inoltre, sul piano educativo-didattico, quel motivo richiama a strategie conoscitive che inducano a rilevare i caratteri specifici delle personalità di allievi immigranti nel tessuto della cultura di origine. Ma non va perso di vista che in quelle definizioni è annidato un non secondario motivo implicito. Lo individua chiaramente Geertz quando afferma che «la cultura, cioè la totalità accumulata di modelli culturali, non è ornamento della esistenza umana, ma una condizione essenziale per essa» (C. Geertz, 1987).

In effetti, tale affermazione sollecita chi ha compiti educativi non solo a rendersi consapevoli del rapporto funzionale che si instaura fra individuo e cultura di appartenenza, bensì a chiedersi come e in che misura sia possibile decifrare le influenze che quella cultura esercita sui singoli individui. Pertinenti risposte a queste esigenze non sono di immediata acquisizione: presuppongono qualche ulteriore informazione su aspetti antropologici e psicologici della questione.

Facciamo cenno solo a tre argomenti che possono avere rilevanza nei riguardi dell'attività educativa. Dall'ideale classico della *paideia* fino all'età moderna, la *cultura* era pensata quale fattore della formazione della personalità; quindi, l'interesse precipuo era rivolto all'uomo nella sua individualità.

Nella dimensione antropologica il significato di *cultura* passa da una determinazione in termini individuali a una determinazione in termini storico-sociali. Tanto vero che la ricognizione dei comportamenti, delle conoscenze, delle credenze, ecc. manifestati da un allievo immigrato, inserito in una nostra scuola, va condotta comparando quelle manifestazioni col complesso quadro della cultura di origine.

Questo criterio non può che suggerire attenzione a quella che viene detta la dimensione normativa delle singole culture. Hanno rilevato, sia R. Benedict che A.L. Kroeber, che la struttura portante di una cultura va individuata nel suo particolare sistema di valori, che può essere ricostruito sulla base di regole che presiedono al comportamento concreto degli individui e alle sanzioni che colpiscono i comportamenti devianti. Le manifestazioni dell'allievo immigrato inevitabilmente dipenderanno da quelle regole, che potranno risultare discordanti da regole della nostra cultura. Vedremo nelle pagine che seguono come trattare educativamente quelle manifestazioni: intanto prendiamo atto che quei comportamenti vanno conosciuti nelle matrici culturali che li attivano e che per corrispondere questa esigenza si dovrà realizzare un inserimento amichevole nel gruppo degli immigrati, possibilmente tramite quella che l'antropologia attuale definisce *osservazione partecipante*. Ossia, osservare in un clima di partecipazione alla realtà osservata.

Di un terzo argomento faremo breve richiamo. Il modello di cui si servono i gruppi culturali per trasmettere la cultura è la trasmissione culturale, che include processi di inculturazione e di socializzazione.

Cavalli-Sforza e Feldman (1981) parlano di *vertical transmission*, intendendo con ciò l'opera dei genitori che trasmettono ai figli valori, abilità, credenze, ecc. Questa opera di trasmissione viene integrata dalla *oblique transmission*, quando il soggetto impara dagli adulti o apprende nella scuola e dalla *horizontal transmission*, cioè dai rapporti di inculturazione e di socializzazione che si attivano fra pari.

Gli elementi di conoscenza raccolti fin qui possono consentire di esaminare due diverse questioni: quella concernente la natura delle influenze che la cultura esercita sugli individui e quella che pone in evidenza le differenze che si constatano fra individui la cui appartenenza culturale è la stessa. Di questa seconda questione tratteremo nel paragrafo che segue; qui cerchiamo di configurare gli effetti che la *cultural transmission* provoca negli individui. Motivi di lineare interpretazione si possono rintracciare in uno studio di Linton (*Op. cit.*). Egli rileva anzitutto che «l'individuo è un organismo vivente capace di pensare, di sentire e di agire indipendentemente, ma limitato nella sua indipendenza e profondamente modificato nelle sue reazioni dal contatto con la società e con la cultura in cui si sviluppa». Pertanto, l'individuo possiede capacità innate di pensare, di sentire e di agire, ma «così come esiste in un qualsiasi punto del tempo, egli rappresenta il prodotto di una interazione molto complessa tra le potenzialità fisiche e psicologiche geneticamente determinate e l' "ambiente"».

La natura delle influenze che la cultura esercita sull'individuo si manifesta in modi fra loro differenti. Le società hanno strutture e tecniche che offrono all'individuo la possibilità "di apprendere direttamente e oggettivamente gran parte della cultura della sua società". Pensiamo alla "imitazione", che si esprime assumendo concreti modelli di comportamento, nonché abilità e conoscenze. Ma Linton fa presente che "la cultura esercita la sua influenza anche in un modo diverso e più sottile. Essa modella l'individuo attraverso il modo in cui i membri di una società, agendo in conformità con la loro cultura, trattano i bambini". Conviene chiarire che Linton identifica quella azione di modellamento con la "cura dei bambini": ad esempio, come vengono vestiti, come e quando vengono nutriti, quali attenzioni vengono loro rivolte, ecc. Lo stesso Linton precisa che "se le prime esperienze lasceranno nell'adulto un'impressione di ostilità, egli agirà in base a questa assunzione e si accosterà ai rapporti della vita adulta con una *ipoteca sulle spalle*. Se, al contrario, le sue prime esperienze lo hanno convinto della sua capacità di essere all'altezza delle situazioni e della generale benevolenza del mondo circostante, egli affronterà le situazioni nuove senza ansia».

Ulteriori aspetti della influenza che la cultura e la società esercitano sull'individuo sono individuabili nella affermazione di Linton e Kardiner, i quali ritengono che "differenti società sviluppano differenti tipi di personalità di base" (citazione in M.H. Segall e altri, 1990, p. 49). Si enumerano quattro postulati per definire la nozione di "personalità di base": a) le prime esperienze individuali esercitano un durevole effetto sulle personalità, specie nello sviluppo dei valori fondamentali; b) esperienze similari tendono a produrre configurazioni similari di personalità; c) le tecniche di cura dei bambini sono simili perché culturalmente modellate; d) quelle tecniche differiscono da una società all'altra. Ciò induce a ritenere che ogni società abbia un tipo diverso di personalità di base.

Questi riscontri sulla influenza che le culture delle diverse società esercitano sugli individui si prestano a molteplici deduzioni educativo-didattiche. Quanto meno inducono a riflettere sull'atteggiamento educativo da tenere in una situazione scolastica multiculturale. Quale prima riflessione sovviene l'interesse ai modi di inculturazione posti in essere nell'ambiente di origine degli allievi immigrati. Interesse che, se adeguatamente soddisfatto, fornirà indicazioni interessanti sulla personalità di ciascuno di quei soggetti, non perdendo di vista che si è di fronte a "persone", cui non può venir meno il bisogno di manifestare forme di autonomia e di creatività.

Una seconda riflessione rimanda ai già considerati fondamenti della pedagogia e della educazione interculturale; fondamenti che assicurano l'universalità dell'educazione. Come dire, insomma, che c'è una *persona* da educare (perché tale è anche l'immigrato) e che tale impegno sarà assolto avendo cura di rispettare le differenze culturali di origine. C'è da dire che nelle teorie della moderna antropologia, il rispetto della dignità di ogni essere umano diventa rispetto per il suo modo di intendere la vita, per i suoi costumi, i suoi valori, le sue istituzioni, per ciò che lo fa essere storicamente uomo: la cultura della sua comunità (cfr. M. Callari Galli, 1975, p. 105).

3. Appartenenza a una cultura e differenze individuali

Nella sintetica ricerca di identificazione della influenza che le culture esercitano sulle personalità abbiamo già anticipato che si dovrà avere qualche interesse anche per il fenomeno delle differenze individuali fra soggetti appartenenti a una stessa cultura e a una stessa società. Si sono menzionate le teorie di Linton e Kardiner, i quali hanno cercato di dar significato al rapporto fra cultura e personalità. Sopra abbiamo ricordato una loro affermazione, quella della corrispondenza a ogni cultura di un tipo particolare di personalità; ma, nel contempo, abbiamo anche fatto richiamo di due prerogative peculiari dell'individuo, quella della autonomia della personalità e quella della creatività.

Che la cultura di una società, in qualche misura, modelli nell'infanzia e nell'adolescenza la "personalità di base" è pur vero; ma ciò non fino al punto di negare ogni risorsa personale, cioè l'esigenza di essere e esprimersi segnalandosi anche per scelte e atteggiamenti diversi da quelli dominanti. In verità Linton non accantona tale esigenza. Egli scrive: «Nonostante la completa inculturazione dell'individuo, egli conserva tuttavia la capacità di pensare e di escogitare nuove forme di comportamento di fronte a situazioni per le quali i modelli della sua cultura sono inadeguati» (*op. cit.*). Ciò, peraltro, non esplicita a sufficienza il consistere nelle singole personalità di pronunciate differenze, anche dopo l'intenso intervento inculturativo. Occorre attingere apporti filosofici e psicologici per rilevare che gli esseri umani sono partecipanti attivi nelle loro relazioni coi contesti fisico e culturale nei quali operano. C'è una relazione interattiva o dialettica che consente l'emergere delle differenze individuali e che, d'altro canto, dà modo di ritrovare le motivazioni e i criteri che sottendono i mutamenti che pure si segnalano all'interno di ciascuna cultura. È ancora Linton (*op. cit.*) che offre una delucidazione, quando dice che «l'individuo rappresenta la variabile irriducibile in ogni situazione sociale e culturale: esso è il lievito nella pasta della cultura, e ogni nuovo elemento di cultura può essere fatto risalire in ultima analisi alla mente di qualche individuo».

Aggiungiamo che, dal momento che ogni personalità trova sostegno e sviluppo anche nelle caratteristiche psicologiche, occorre riconoscere che l'individuo non recepisce passivamente gli stimoli della inculturazione: la psicologia contemporanea ci dice che anche il bambino è soggetto curioso, che ha bisogno di conoscere e capire. Ciò significa che l'influenza che la cultura esercita su soggetti in età evolutiva non si concreta in forme di modellamento, si manifesta bensì come serie di sollecitazioni che intendono favorire l'inserimento dell'individuo nei contesti culturale e sociale di appartenenza. In sostanza, l'intervento di inculturazione può rimanere non corrisposto se non è commisurato alle capacità e agli interessi di apprendimento dei soggetti.

È interessante l'osservazione che avanza Eibl-Eibesfeldt, noto studioso di etologia umana. Così si esprime: «L'espressione usuale "acquisto di informazioni" suggerisce l'esistenza di un trasferimento di informazioni, ma sia chiaro che è solo l'organismo che costruisce e immagazzina le informazioni nel suo genoma. L'organismo cioè si informa ma non viene informato» (Eibl-Eibesfeldt, 1993, p. 12). Questi giudizi di Eibl-Eibesfeldt confermano che è azzardato pensare a un quadro culturale che sia proposto e agisca con criteri omogenei nei confronti di tutti i membri di una società. In realtà l'entità delle differenze psicologiche individuali non può essere ritenuto fenomeno secondario e, perciò, non meritevole di considerazione. Esso concorre a produrre diversità fra gli individui di un medesimo gruppo culturale. Si tratta di un rilievo che ha immediati riscontri sul piano educativo: gli insegnanti che debbono gestire nella scuola una situazione educativa multiculturale abbisognano di dati di conoscenza che, in prima istanza, siano colti nei comportamenti che i singoli immigrati manifestano. Certamente un immigrato cinese o un immigrato marocchino sono portatori di due diverse culture: la loro personalità non è stata immune dall'incidenza inculturativa vissuta nel paese di origine. Tuttavia è da tenere in conto che tale influenza si è esercitata sulle personalità tramite il filtro delle caratteristiche psicologiche individuali.

Quindi, per una appropriata conoscenza degli allievi immigrati si farà ricorso ai tratti specifici delle diverse culture di origine; ma si avrà attenzione ai modi coi quali ciascuno di quegli allievi ha recepito e assimilato i modelli culturali dell'ambiente di appartenenza.

Questo non pare un problema insolubile: le procedure e gli strumenti di conoscenza non differiscono sostanzialmente da quelli che ogni avveduto insegnante utilizza per rilevare comportamenti e atteggiamenti degli allievi autoctoni.

Semmai è necessario fare attenzione ai mutamenti che si vengono verificando nei Paesi dai quali provengono gli immigrati.

Sono mutamenti, mutuati dalla civiltà dell'Occidente, che alterano il rapporto cultura/individuo, così come era rilevato dagli antropologi, allorché oggetto dell'osservazione erano società pre-letterate. Gli immigrati che affluiscono oggi nei Paesi europei provengono, in assoluta maggioranza, da società nelle quali, in forme più o meno organizzate e diffuse, l'istruzione scolastica è presente. Ne discende che la valenza educativa della istruzione si esprime come risorsa promotiva di capacità di "divergenza"; ossia, di capacità che incrinano la omogeneità della cultura oggetto di inculturazione, innescando atteggiamenti, giudizi, proposte dissonanti con le conoscenze e le norme del contesto culturale e sociale.

Giustamente Herskovits, nel suo *Statement of Human Rights* (1947) afferma che «l'individuo realizza la propria personalità attraverso la propria cultura: di conseguenza, il rispetto per le differenze individuali implica quello per le differenze culturali» (Herskovits, 1947, p. 539). Trasferiamo il significato di questo enunciato sul piano didattico: percepiremo anzitutto che gli allievi immigrati differiscono gli uni dagli altri e, nel contempo, essi sono accomunati da caratteristiche culturali comuni.

Si avrà modo di categorizzare le differenze facendo perno su fattori biologici e su fattori psicologici, tramite i quali interpretare i comportamenti individuali nell'ambito culturale comune.

4. Significato e compiti della psicologia transculturale

I richiami alle caratteristiche psicologiche, compiuti nel paragrafo precedente, hanno confermato che un rapporto educativo con allievi immigrati esige adeguata conoscenza delle differenze che concorrono a distingure la individualità dei singoli. Peraltro, lo si vede bene, quelle sono ancora considerazioni introduttive che abbisognano di qualificate estensioni, considerata la peculiarità delle appartenenze culturali. A ciò porta consistenti contributi la *psicologia transculturale*.

Prima di approdare a qualche coerente definizione di questa branca della psicologia, pare opportuno accedere a una osservazione sulla relativa denominazione. Diciamo con Segall che «in un mondo ideale non vi dovrebbe essere bisogno di una specializzazione psicologica detta appunto *psicologia transculturale*» (H.M. Segall e altri, pp. 346, 352). Infatti, se gli studi psicologici sono portati avanti con criteri culturalmente specificati in un'ampia varietà di contesti culturali e sociali, la letteratura psicologica dovrebbe essere pertinente la varietà delle culture. Per cui Segall si chiede se si debba ancora usare l'espressione *psicologia transculturale* o se, invece, non sia sufficiente l'uso dell'aggettivo *cultural*. Non è una domanda oziosa: tuttavia si dovrà aver chiaro che ciascuna delle culture considerate ha una sua peculiarità che anche la psicologia si studierà di rilevare e interpretare.

Sulla scia di questa osservazione si possono tracciare alcune linee definitorie della psicologia transculturale. Notiamo con Berry che essa «è lo studio scientifico del comportamento umano e della sua trasmissione, tenendo presenti i modi nei quali i comportamenti sono modellati e influenzati dai valori sociali e culturali» (J.W. Berry e altri, *op. cit.*, p. 1). I campi di ricerca sono molteplici: lo sviluppo psicologico, il comportamento sociale, la personalità, la cognizione e la percezione. L'interesse si estende, come è ovvio, alle concezioni e alla attuazione della acculturazione, alla comunicazione, alla salute, ecc. Questo primo approccio definitorio pone in luce due elementi strutturali: la *diversità* del comportamento umano nelle diverse società; lo stretto legame che correla il comportamento dell'individuo al contesto culturale di appartenenza. Poiché l'antropologia considera la cultura come il *way of life* di una società (e quindi la diversità culturale e sociale induce differenze fra portatori di culture diverse), si deve dedurre che la psicologia transculturale modula la sua ricerca nel quadro delle differenze che distinguono gli individui appartenenti a contesti culturali diversi.

Per cui, ad esempio, l'indagine sui modi dello sviluppo psicologico parrebbe doversi esplicare in forme chiuse, cioè ciascuna ristretta nell'ambito della cultura indagata. Sicuramente quella risulterebbe una modalità di indagine poco produttiva. Va precisato allora che la psicologia transculturale «è l'esplicita, sistematica comparazione delle variabili psicologiche in differenti condizioni culturali, in ordine alla specificazione di antecedenti e processi che mediano l'emergenza delle differenze comportamentali» (L.H. Eckensberger, 1972, p. 100). In sostanza, si esplorano le diverse culture cercando di individuarvi varianze, sia nei comportamenti individuali che nei modi della trasmissione culturale. Su quelle varianze si esercita la *comparazione*: ossia, si assumono quei tratti che possono essere confrontati, allo scopo di poter disegnare un quadro psicologico più generale, utile certo per esplorare un'ampia serie di altre culture.

Vedremo più avanti quale senso attribuire a tali elementi di carattere più generale rispetto alle varianze che sono pertinenti a ciascuna cultura. Ora intendiamo fermare l'attenzione su un problema che ha riscontri specifici anche nell'ambito pedagogico e didattico. Si è detto che quella ricerca psicologica si esercita sulle diverse culture: con quali concetti e con quali criteri di indagine si può pervenire alla rilevazione e interpretazione, la più obiettiva possibile, dei contesti culturali differenti? Se si devono rilevare le caratteristiche psicologiche degli individui appartenenti a una data cultura, adottiamo i criteri della psicologia, diciamo così, occidentale? Potrebbero derivarne eventi del tutto impropri: ad esempio, le "differenze" riscontrabili potrebbero essere giudicate come "deficienze", perché non riconducibili agli schemi delle culture occidentali. «La valutazione delle differenze fra gruppi (noi i *migliori*, loro i *peggiori*) è conosciuta come *etnocentrismo*» (J.W. Berry e altri, *op. cit.*, p. 8).

Etnocentrismo che non ha senso neanche nell'ambito psicologico: la comparazione opera esclusivamente sui dati raccolti dalle indagini su varie culture e non ha rilevanza valutativa, bensì significato ermeneutico. L'esplorazione di una cultura va allora impostata e condotta dall'interno della medesima. «Ciascun fenomeno deve essere visto nel suo contesto e descritto e interpretato relativamente alla situazione culturale ed ecologica nella quale si manifesta» (*Id.*, p. 8).

Si è già ricordato il contributo di Geertz alla conveniente soluzione di questo problema. Egli propone la metafora della "cultura" come "testo": infatti, egli dice, «le società come le vite umane contengono la propria interpretazione». Per cui, «osservare le dimensioni simboliche dell'azione sociale — l'arte, la religione, l'ideologia, la scienza, il diritto, la moralità, il senso comune — non significa allontanarsi dai dilemmi esistenziali della vita alla ricerca di qualche empireo di forme desensibilizzate: significa immergersi in mezzo ad esse» (C. Geertz, *op. cit.*, p. 71).

Proviamo a dedurre qualche motivo utile alla conoscenza degli allievi immigrati: anzitutto, esercitare una osservazione partecipante (cioè, partecipare alle loro esperienze); dipoi, non impegnarsi in giudizi che condannino i comportamenti che si differenziano da quelli propri della cultura degli autoctoni; ancora, non dimenticare che il contesto culturale di provenienza è stato per il soggetto immigrato un bene primario che gli ha facilitato i primi approcci alle esperienze della vita. Ciò richiede all'educatore un interesse non folcloristico per quel contesto, allo scopo di identificarvi valori, concezioni, modelli di comportamento che hanno influito sul processo di strutturazione della personalità dell'immigrato.

Le definizioni date della psicologia transculturale consentono di elencare tre motivi che esigono qualche ulteriore chiarimento. Sono: 1) comportamenti, sviluppo della persona e caratteristiche psicologiche vanno ricondotti alle variabili culturali e sociali; 2) quelle variabili hanno carattere dinamico, cioè mutano; 3) la trasmissione culturale è la strategia che supporta quel rapporto. L'incidenza che l'ambiente culturale e sociale esercita sulla personalità dell'individuo, con particolare efficacia nel corso dell'età evolutiva, è indubitabile. La psicologia transculturale, peraltro, non estrapola quel fenomeno per farne oggetto di analisi e descrizione fuori dal tessuto culturale nel quale si verifica. In altri termini, oggetto di tale ricerca è, ad esempio, la *personalità*: la ricognizione si focalizza certo su questo oggetto, ma interpretato nei modi della sua manifestazione all'interno della cultura di appartenenza, rilevando gli aspetti della relazionalità, della interattività e, in genere, dei comportamenti che l'individuo manifesta nel vissuto quotidiano.

Sulla base di tali criteri di ricerca emergono tre orientamenti che qualificano la psicologia transculturale: a) lo studio delle simiglianze e differenze nel funzionamento psicologico individuale nei vari gruppi etnici; b) lo studio delle relazioni fra variabili psicologiche e variabili culturali, sociali, ecologiche, biologiche; c) come tali variabili mutano. Corrispondere tali impegni dovrebbe dar modo di capire come e perché gli individui appartenenti a culture diverse, differiscono fra loro e, insieme, si somigliano.

Qualche considerazione sul primo orientamento concernente "simiglianze e differenze", con lo scopo di corroborare il compito professionale degli insegnanti che gestiscono una situazione educativa multiculturale. Nelle pagine che seguono proporremo una sia pur contenuta esposizione degli oggetti di tali "simiglianze e differenze", riguardo sia ai modelli di comportamento, sia ai processi cognitivi. Qui preme avvertire che la rilevazione di comportamenti e processi analoghi, oppure diversi, non va ritenuto lo scopo ultimo della ricerca della psicologia transculturale. Mentre è comprensibile come le "simiglianze" facilitino l'avvicinamento, o addirittura promuovano l'unione di gruppi etnici diversi, le "differenze", se definite in modo rigido e chiuso, tendono a radicalizzarsi, provocando distacco o rifiuto, laddove si ricerca invece convivenza delle diversità nel reciproco rispetto. Lo sanno bene i docenti che operano con gruppi di immigrati.

Suggerisce Berry che «la psicologia transculturale non è solo interessata alla diversità, bensì anche alla uniformità: cioè, a ciò che può essere psicologicamente comune — o *universale* — nella specie umana». Questa asserzione trova conforto nel manifestarsi di altre variabili: quelle biologiche (nutrirsi, dissetarsi, dormire, ecc., che possono variare nei gruppi etnici influenzate dalle rispettive culture); quelle ecologiche (riferibili all'impegno di adattamento degli esseri umani al loro ambiente naturale, accentuando sia i fattori economici che la densità della popolazione). (J.W. Berry e altri, *op. cit.*, p. 2).

Va precisato che qui il significato di *universale* sarà inteso in termini funzionali: cioè, "un concetto può essere considerato *universale* allorché sul piano teoretico c'è ragione di accettarlo come variante nelle diverse culture" (*Id.*, p. 260). Altrimenti detto, "universale" è un concetto psicologico che può essere proficuamente utilizzato per descrivere i comportamenti in ogni cultura. Ne deriva che, anche laddove le manifestazioni comportamentali e le caratteristiche psicologiche differiscono fra loro, è possibile rintracciare a livello biologico e a livello psicologico elementi motivanti comuni al genere umano.

Particolarmente significativo in questo ambito è il contributo della psicologia transculturale, per la quale si cerca l'equilibrio fra peculiarità dei fenomeni locali e si tenta insieme di sviluppare generalizzazioni panumane. Si corrisponde il primo impegno appellandosi al relativismo culturale; per il secondo impegno ci si riferisce all'esistenza di universali culturali, che possono essere pensati come qualità basilari della cultura e consistono di quei fenomeni che ci si può attendere di rintracciare in ciascuna cultura. Si rileva, inoltre, che "la gente si impegna in attività (anche se ovviamente realizzate con modalità del tutto diverse fra loro) che danno senso alle uniformità nel funzionamento psicologico. In sostanza, gli universali culturali riflettono gli universali psicologici" (*Id.*, p. 170).

Rimaniamo ancora nell'ambito delle simiglianze e delle differenze nel funzionamento psicologico delle personalità degli individui in un contesto culturale, per rilevare che varianze si manifestano non solo nel confronto di culture, ma anche all'interno di quel contesto. È facile capire che il fenomeno si produce quale effetto della struttura sociale della comunità. Una dimensione di tale struttura riguarda il grado di stratificazione della società; grado che si concreta in forme di gerarchia verticale, in differenza di status, ecc. Si sa bene che la stratificazione sociale ha rilevanti conseguenze sul comportamento degli individui; e, quindi, incide sui processi psicologici di costoro. Nei dati offerti dalla psicologia transculturale dovremo cercare anche quelli riferibili ai comportamenti indotti dallo status sociale di appartenenza nel contesto culturale di origine.

Indubbiamente il riferimento precipuo va ai caratteri culturali e sociali dell'ambiente nel quale l'immigrato è nato e cresciuto; tuttavia, non si può perdere di vista che costui in quel contesto ha espresso la sua individualità condizionato dallo status sociale. Pertanto, l'impegno di conoscenza della personalità dell'immigrato farà perno certo sui caratteri generali della cultura di appartenenza, ma in quel tessuto dovranno essere individuati anche lo status sociale e le correlate condizioni economiche, di lavoro, culturali, ecc. Certo questa ricognizione è esperibile per l'immigrato adulto; ma si condideri che lo status sociale condiziona, positivamente o negativamente, l'intera comunità familiare di quell'immigrato. Per cui, i piccoli allievi sono portatori di comportamenti che riflettono lo stato psicologico maturato nel contesto della struttura stratificata della società di appartenenza.

Un esempio esplicativo. Si è studiato lo sviluppo delle capacità di categorizzazione in due gruppi di 75 fanciulle peruviane di età fra i sei e i quattordici anni di età. I membri di un gruppo parlavano spagnolo, appartenevano a famiglie agiate e colte, vivevano sulla costa del Pacifico. I membri del secondo gruppo, in un villaggio delle Ande, erano di modeste condizioni economiche e i loro genitori o erano analfabeti, o avevano frequentato solo per qualche anno la scuola. Fu chiesto ai due gruppi di formulare esempi relativamente ai concetti di malattia, fiore, frutto, giocattoli, mobilia, uccelli, pesci, mezzi di trasporto, verdure, vestiti. Si rilevarono marcate differenze. Ad esempio, il gruppo rurale non riuscì a presentare adeguati esempi relativi a mezzi di trasporto e a giocattoli: ciò a ragione della limitata esperienza quotidiana, del livello culturale dei genitori, del loro status economico e di lavoro. Tutto questo dice che psicologicamente il soggetto in età evolutiva è influenzato dalle condizioni sociali proprie del suo ambiente familiare (H.M. Segall e altri, *op. cit.*, p. 63).

Tornando al rapporto educativo che si allaccia fra insegnante e alunni immigrati nelle nostre scuole, dobbiamo confermare che l'incontro con l'allievo proveniente da un'altra cultura non va risolto esclusivamente nel riconoscimento dell'essere umano come "categoria transculturale", perché nella delineazione del profilo di quell'allievo acquistano notevole significato la storicizzazione e la contestualizzaione della sua vita nel paese di provenienza.

CAPITOLO TERZO

SVILUPPO PSICOLOGICO E CULTURE SIMIGLIANZE E DIFFERENZE

Dalle argomentazioni fin qui riportate risulta chiaro che lo scopo che perseguiamo concerne la progettazione e la conseguente attuazione di un *progetto educativo interculturale*. Tale strumento trova la sua legittimazione nella prospettiva di fondazione di una *comunità di diversi*, nella quale la "diversità" sia occasione di reciproco arricchimento umano. Nota Camilleri che «la prima missione della pedagogia interculturale consiste nel dare ai rispettivi partners il materiale necessario per consentire di percepire la loro cultura come legittima» (C. Camilleri, 1992). In questa dimensione si profila anche una declinazione operativa del concetto di "integrazione", che non ha un riferimento univoco: infatti, "anche chi accoglie è chiamato a modificare modalità di pensiero e comportamenti" (D. Demetrio, 1992). In sostanza, quel progetto educativo si finalizza, come motivazione e orientamento, all'incontro delle diversità culturali, postulando una più solidale convivenza nel rispetto reciproco delle identità culturali.

È appena il caso di ricordare che le diversità trovano pertinente intepretazione nei caratteri delle culture di origine degli immigrati. Ciò pone problemi di ricognizione non indifferenti per i docenti che operano nella situazione scolastica multiculturale. La maggiore difficoltà è rappresentata dalla natura del contesto della scuola, ove è evidente la dominanza della cultura della nostra società. Si corre il rischio di procedere alla rilevazione e interpretazione dei comportamenti degli allievi immigrati rimanendo saldamente ancorati ai caratteri di quella cultura. Si è già notato che la ricerca psicologica che estende i suoi interessi alle culture "altre" ha adottato criteri di indagine che sono disancorati da pregiudiziali riferimenti ai modelli e ai valori della cultura occidentale, appunto allo scopo di raccogliere dati colti nella realtà della cultura osservata. Quindi una rilevazione condotta tramite una "osservazione partecipante".

Non è azzardato proporre che i docenti debbano in qualche misura adottare criteri rilevativi analoghi, evitando in sostanza di percepire i comportamenti degli allievi immigrati commisurandoli pregiudizialmente ai modelli della nostra cultura. Questo non vuol dire che ci si debba astenere da confronti: anzi, si deve pervenire al confrontare, perché ciò consentirà di far emergere oltre alle dissimiglianze, anche delle simiglianze e delle analogie nei comportamenti. Ciò faciliterà non solo la comprensione dei modi di comportarsi degli allievi immigrati, consentirà bensì all'insegnante di definire in modo più appropriato gli interventi didattici. Nelle pagine precedenti si è parlato di *universali* in psicologia transculturale e si è notato che essi sono definibili come processi psicologici o relazioni che sono rintracciabili in ogni cultura. Sono, insomma, degli "invarianti" presenti nelle diverse culture, cui si attribuisce la funzione di facilitare la conoscenza dei modelli culturali. In tale funzione gli *universali* risultano facilitatori dell'opera educativa degli insegnanti, in quanto categorizzano comportamenti e, quindi, possono contribuire a semplificare le soluzioni didattiche.

In sintesi, nella situazione educativa multiculturale si pongono alcune sostanziali istanze: a) corrispondere l'interesse a conoscere i peculiari modelli comportamentali che connotano la partecipazione degli allievi immigrati alle dinamiche della vita della scuola; b) rilevare negli allievi immigrati i gradienti di interesse conoscitivo in parallelo ai livelli di maturità culturale; c) identificare modi e significati della interazione che gradualmente si viene instaurando fra autoctoni e immigrati; d) rilevare differenze o analogie e convergenze che segnalano i comportamenti di allievi appartenenti alle diverse culture (non ne sono esenti i modi comportamentali degli alunni autoctoni). Tali istanze conoscitive saranno corrisposte avvalendosi dei contributi della ricerca portata avanti dalla psicologia transculturale. Peraltro, tali contributi andranno utilizzati tenendo conto del mutamento, talvolta rapido, talvolta appena percettibile, che caratterizza indistintamente tutte le culture.

Tale processo di mutamento tende a distinguersi come processo di modernizzazione: la cosidetta società tradizionale assorbe i modelli e i valori delle società "moderne". Inkeles e Smith parlavano di «un fattore generale o sindrome di individuale modernità che influenza o è riflessa nella risposta dell'individuo alle particolari condizioni con le quali egli si confronta in molti differenti ambiti della vita e nel contesto di diverse relazioni sociali» (A. Inkeles e altri, 1974). Gli stessi Autori evidenziano i "valori" e le tendenze comportamentali che connotano quella sindrome. Sono: «la disponibilità alla innovazione; la crescente indipendenza dall'autorità delle figure tradizionali; la fiducia nell'efficacia della scienza e della medicina, unitamente al rifiuto della passività e del fatalismo di fronte alle difficoltà della vita; il crescente interesse alla partecipazione ai problemi civici e politici della comunità».

La modernizzazione delle società si concreta per il tramite della graduale modernizzazione delle persone che le costituiscono. Questo significa che la conoscenza degli alunni immigrati inseriti in una situazione scolastica multiculturale, andrà esperita tenendo conto dei livelli di modernizzazione cui sono pervenute le società di origine di quegli allievi. Ancora Inkeles e Smith ci soccorrono con un "indice di modernizzazione", le cui variabili indipendenti sono così elencate: anni di educazione, anni di residenza urbana, modernità della famiglia e della scuola, utilizzo dei mass media, livello di educazione del padre, ecc. (*Id.*). Sono variabili delle quali solitamente si fa uso nelle nostre scuole per configurare un profilo, quanto più obiettivo possibile, di ciascuno degli alunni. Il ricorso a quelle variabili per attingere una adeguata conoscenza dei soggetti immigrati implica la rilevazione dei livelli di modernizzazione delle società di provenienza degli immigrati. Non solo, si dovrà aver cura di individuare e interpretare in che misura ciascuno di quei soggetti coltiva ancora i modelli della tradizione culturale, in una ibrida commistione con aspirazioni a vivere i modelli della modernità. Indubbiamente il "misurare" i livelli di modernità non è che una procedura per avanzare sostanziali ipotesi relativamente ai cambiamenti che nell'individuo si integrano col processo di modernizzazione della società di appartenenza. Si ripropone, insomma, l'istanza che la conoscenza degli allievi immigrati sia esperita nel tessuto delle società e delle culture di origine.

In sostanza, la delineazione del profilo delle personalità degli immigrati non può ridursi a una estemporanea rilevazione dei comportamenti di costoro. Quei comportamenti vanno ricondotti alle matrici culturali delle società di provenienza, le quali hanno esercitato non secondaria influenza sul costituirsi delle personalità. Ciò vuol dire che si debbono recuperare elementi conoscitivi pertinenti questa o quella società, questa o quella cultura. La psicologia transculturale dà modo di corrispondere in buona misura questa istanza, anche perché è una disciplina che si correla alla antropologia culturale, dalla quale mutua i concetti di cultura, di relativismo culturale, di etnocentrismo, ecc.

Per pervenire a una essenziale e meramente indicativa ricognizione di simiglianze e differenze di comportamenti nelle diverse culture, si può procedere a una presentazione di dati secondo due criteri di raggruppamento: 1) quello relativo agli oggetti e ai modi della trasmissione della cultura, intesi quali eventi che incidono sullo sviluppo dell'individuo; 2) quello concernente i processi psicologici dell'apprendere, valutati questi come eventi che modulano la incidenza dei fattori culturali sulla personalità.

1. La trasmissione della cultura e la diversità nei comportamenti

Ricordiamo che la trasmissione della cultura concerne cosa e come le società trasmettono ai loro nuovi membri. Con essa si attivano i processi di *inculturazione*: cioè la cultura di appartenenza accompagna e sostiene l'individuo che assimila ciò che il gruppo culturale ritiene necessario. Questo si attua in modo non necessariamente deliberato: spesso c'è apprendimento senza specifico insegnamento. Tale processo coinvolge genitori, altri adulti, pari in un quadro di influenze che corrono lungo l'arco delle esperienze quotidiane.

La trasmissione della cultura induce anche un processo di *socializzazione*: si mira alla assunzione di comportamenti conformi al consenso sociale. Tali due processi configurano due aspetti: quello dei *contenuti* della trasmissione (conoscenze, valori, abilità), quello dei *modi* o dello *stile* dell'atto della trasmissione medesima. Ambedue gli aspetti hanno rilevanza nei confronti dello sviluppo della personalità: pensiamo al ruolo della tradizione ancestrale nelle culture africane, oppure recuperiamo le modalità della trasmissione culturale nella scuola coranica. Qui cade opportuno il riferimento a quella che Geertz denomina «concezione della cultura come meccanismo di controllo». Egli dice che «la cultura è vista meglio non come complessi di modelli concreti di comportamento, ma come una serie di meccanismi di controllo — progetti, prescrizioni, regole, istruzioni — per orientare il comportamento». E aggiunge che «l'uomo è l'animale più disperatamente dipendente da simili meccanismi di controllo, appunto i programmi culturali, per dare ordine al suo comportamento» (C. Geertz, *op. cit.*, p. 88). Anche se, come già si è ricordato, non si pensa la cultura come fattore di manipolazione della personalità (quasi attivante un processo di modellizzazione), pare tuttavia indubitabile che la trasmissione della cultura induce — e non può non farlo, pena l'impossibilità della convivenza — atteggiamenti di conformità, cui corrispondono i ricordati "meccanismi di controllo" posti in essere dalla trasmissione della cultura.

Queste sono considerazioni significanti anche a livello educativo, quando cioè si utilizza la cultura per promuovere e orientare i processi di sviluppo della personalità: si dovrà avere presente che la conformità ai modelli culturali non deve precludere l'affermarsi della creatività e della capacità di divergenza nei soggetti. Sono riflessioni, queste, che sollecitano a concentrare l'attenzione sulle fasi della vita durante le quali la trasmissione della cultura esercita la sua maggiore influenza sugli individui. Ci riferiremo alle *forme di allevamento e di educazione di soggetti in età evolutiva nelle diverse culture.*

Barry e suoi colleghi posero a fondamento della loro ricerca queste domande: «Perché una particolare società seleziona pratiche educative dell'infanzia miranti a produrre una distinta specie di personalità? Forse perché questa specie di personalità tipica è funzionale per la vita adulta nella società?» (H. Barry e altri, 1957). Essi diedero avvio alla loro ricerca prendendo in considerazione una delle basilari funzioni in una società, quella relativa all'economia di sussistenza. Ne ricavarono elementi che indussero a ritenere che le società pastorali e, in qualche misura quelle agricole che curano l'accumulazione del cibo, hanno individui relativamente coscienziosi e conservatori. Al contrario nelle società i cui membri sono per lo più dediti alla caccia e alla raccolta del cibo, si configurano soggetti relativamente individualistici, assertivi, temerari. Nelle società attuali dedite prevalentemente alla pastorizia (allevamento di animali per il latte e la carne) e nelle quali l'interesse si dirige all'approvvigionamento del cibo, sembrano dominare atteggiamenti di fiduciosa aderenza alla quotidiana routine di lavoro.

Si aggiunga che quelle caratterizzazioni sono correlate a significative variabili ecologiche, sociali e culturali. Così la stratificazione sociale rende positiva la preparazione alla responsabilità riguardo al significato socializzante della accumulazione del cibo, ma risulta negativa per ciò che concerne l'affermazione e la fiducia in sé, nonché la preparazione alla indipendenza. Appunto in questa prospettiva va ricordato che l'educazione informale in queste società si pone come variabile dipendente dal locale sistema culturale. Désalmand, in una sua ricerca sulla educazione nella Costa d'Avorio, sintetizza così i caratteri di quel tipo di educazione: è dispensata ovunque e in tutti i momenti, è correlata strettamente alla natura dell'ambiente, è diretta ai bisogni della società, promuove uno spirito cooperativo di comunità, orienta al mantenimento della situazione sociale e culturale reprimendo, se necessario, anche l'innovazione. Naturalmente le relazioni fra i membri della società sono personalizzate e agli anziani si riconosce un ruolo essenziale nella educazione dei giovani e nella vita della comunità.

C'è da dire che questi tratti della educazione informale rilevati in Costa d'Avorio sono comuni a molte società africane. Per cui, questi dati sembrano utilizzabili dagli insegnanti che operano in una situazione scolastica multiculturale: favoriranno l'impegno di delineazione del profilo degli allievi immigrati.

Si possono portare ulteriori specificazioni riguardo alle forme di allevamento e educazione dei soggetti in età evolutiva nelle diverse culture. Puntiamo l'attenzione sulle quotidiane attività dei bambini: dovremo ricavarne motivi probanti le differenze rilevabili in quelle culture. Circoscriviamo l'interesse ai tempi di gioco e ai tempi di lavoro che, nei diversi ambienti culturali, si concedono a bambini e fanciulli. Segall (*op. cit.*, p. 117), offre alcune significative indicazioni di apertura: nota che i bambini Nyansongo (Kenya) dedicano in media il 41% del loro tempo al lavoro, di fronte ai bambini americani che dedicano al lavoro non più del 2% del loro tempo. Questi dati indicativi possono essere integrati con l'osservazione che il tempo di lavoro, anche per i bambini, si accresce quando si intensifica il controllo dell'uomo sull'ambiente, come nelle società agricole, mentre diminuisce nelle società industrializzate.

B.B. Whiting and J.W.M. Whiting (1975) hanno indagato sui compiti che si assegnano ai bambini in Kenya, in Messico, nelle Filippine, in Giappone, in India. Ne scaturiscono questi dati: in Kenya, i bambini Nyansongo fino dai tre-quattro anni sono impegnati a portare legna o acqua, a preparare il cibo, a curare l'orto e il giardino, a fare pulizia, a curare gli animali. Già in Messico e nelle Filippine si notano differenze: preparazione del cibo, cura del giardino, fare pulizia sono impegni cui si è chiamati tra i i cinque e i dieci anni. Analoga situazione in India, dove l'impegno di preparazione del cibo viene richiesto anche ai piccoli di tre-quattro anni. In Giappone i bambini di questa età sono coinvolti in compiti di pulizia, in primo luogo del loro corpo.

È interessante quanto Whiting and Whiting hanno rilevato osservando gli atteggiamenti diversi che i bambini di quelle società manifestano. I soggetti che impiegano molto del loro tempo in attività di lavoro, dimostrano disponibilità affettiva e atteggiamenti altruistici. Al contrario, quelli che sono assorbiti preminentemente dal gioco manifestano il bisogno di attenzione e di cura e si segnalano per atteggiamenti egoistici. Questi dati trovano conferma nella ricerca condotta da R.H. Munroe, R.L. Munroe and H.S. Shimmin (1984). Indubbiamente sono dati che inducono a riflettere sulla condizione dell'infanzia nelle società occidentali, nelle quali fino all'adolescenza il ragazzo non trova reali occasioni di responsabilizzazione. D'altro canto, c'è da chiedersi in qual modo i piccoli immigrati si adegueranno alle regole della nostra cultura che ritiene che il gioco sia l'attività congrua per le esigenze di formazione della personalità infantile. La disponibilità all'altruismo e alla collaborazione, che sembrano essere incentivate dall'impegno di lavoro, andrà dispersa?

Differenze di sesso e di educazione dei bambini

Gli antropologi segnalano che in ogni società si riscontrano differenze di comportamento riconducibili al sesso. È generalizzabile quella relativa alla divisione del lavoro: ad esempio, la preparazione del cibo è occupazione attribuita alle femmine in quasi tutte le società. Una rilevazione di senso comune segnala che il maschio è più assertivo, orientato al successo, animato da spirito di dominanza, mentre la femmina è ritenuta socialmente più sensibile, passiva e sottomessa. Se per questo giudizio ricerchiamo fondamenti genetici, ci priviamo della possibilità di correlare l'azione educativa alle differenze di sesso. Dobbiamo invece prendere atto che la socializzazione, quale momento della trasmissione della cultura, ha come scopo la preparazione dei bambini ai ruoli che, maschi e femmine, assumeranno nella vita adulta. Da ciò consegue che ogni società configura ruoli peculiari in ordine ai valori e alle strutture che la sottendono, per cui si è soliti affermare che maschi e femmine divengono quello che si vuole che siano.

Diciamo con Berry (J.W. Berry e altri, *op. cit.*, p. 26) che le differenze che si riscontrano fra maschi e femmine sono fortemente influenzate da fattori culturali, operanti tramite le pratiche di socializzazione e riflettenti fattori ecologici. Due esempi limite: presso i Boscimani !Ko e !Kung, quale rito di iniziazione, i ragazzi vengono condotti nella boscaglia, ammaestrati da adulti e sottoposti a molte privazioni, quali sopportare il freddo della notte, subire spaventi, subire ferite, ecc. Questo trattamento non è riservato alle femmine, le quali — per quella cultura — hanno meno necessità di venire indottrinate sui valori del gruppo, rimanendo orientate verso la famiglia (cfr. Eibl-J. Eibesfeldt, *op. cit.*, p. 396). La tradizione, comune a tutte le donne orientali e mediorientali, sancisce la subordinazione femminile. In Cina la donna ha ora riconosciuto il diritto alla autonomia e quindi può assumere responsabilità che prima erano retaggio solo dell'uomo. Fino dalla scuola materna la bambina viene educata ai valori civici e alle connesse responsabilità comunitarie.

È facile osservare che maschi e femmine si distinguono per innate differenze biologiche che incidono i tratti del carattere: così l'aggressività sembra più connaturale ai maschi che alle femmine. Tuttavia è da dire che sulle differenze di natura biologica si esercitano le pratiche culturali, con le conseguenze che si vengono oltretutto generando "stereotipi di genere" che trovano spazio nella generalità delle culture. In altri termini le originali differenze biologiche hanno, nel tempo, generato pratiche culturali che differenziano l'assegnazione di ruoli diversi a maschi e femmine: ciò non è senza conseguenze psicologiche sul complesso dei comportamenti degli individui. Tale differenziazione esercita i suoi effetti fino dall'infanzia, cosicché l'inculturazione e la socializzazione inducono l'acquisizione di stereotipi condizionanti la vita degli individui. È attuale una propensione culturale che induce a negare, o quanto meno, ad attenuare quella differenziazione. Infatti, ricerche recenti dicono che nelle culture dell'Occidente il favore verso lo stereotipo del differenziale di genere è quasi nullo. Invece, in Nigeria, in India, in Pakistan, in Giappone i maschi ricevono una valutazione accentuatamente superiore a quella riservata alle femmine (cfr. J.E. William and D.L. Best, 1982; *Id.*, 1990).

Aggiungiamo che le citate ricerche non si limitano alla rilevazione delle diversità, danno bensì modo di individuare caratteri "panumani", cioè riscontrabili nei comportamenti degli individui appartenenti a culture differenti. Per cui, per ciò che inerisce i modi coi quali una società educa i bambini, possono essere elencate sei dimensioni che risultano essere comuni a tutte le società. Barry così le presenta: 1) preparazione all'obbedienza (grado di obbedienza agli adulti); 2) preparazione alla responsabilità (livello di preparazione ad assumere responsabilità nel lavoro domestico); 3) preparazione all'educare, cioè a curare e assistere i fratelli più giovani; 4) incentivazione dell'impegno a conseguire standard di eccellenza nei comportamenti; 5) preparazione a prendersi cura di sé e a coltivare l'indipendenza; 6) preparazione alla autonomia: (oltre alla fiducia in sé, coltivare la capacità di poter non aver più bisogno del controllo) (H. Barry e altri, *op. cit.*, 1957) .

Una sintetica riflessione sulla possibilità di avvalersi, nella situazione scolastica multiculturale, dei dati e giudizi fin qui riportati. La presenza di allievi provenienti da Cina, o da Marocco, o da qualche altra parte dell'Africa innesca problemi di ricognizione dei tratti della personalità di quei soggetti.

Primo atto da compiere è dedicarsi a un'attenta e continuata osservazione dei comportamenti e delle espressioni di costoro: e ciò al fine di poter riconoscere modi comportamentali che, in qualche misura, risultano simili o analoghi a quelli che sono propri della nostra cultura. Parimenti emergeranno le diversità, tali perché irriducibili alla assimilazione alla cultura di accoglienza. In questo caso l'individuazione — necessariamente indicativa — di comportamenti peculiari di culture "altre", potrà orientare a una specificazione delle diversità, col deliberato intento di decifrare la natura di possibili interventi di educazione e istruzione nei confronti di quei soggetti. Non è dubbio che ci si debba impegnare almeno in una prima conoscenza dei modelli culturali che sono propri delle culture di provenienza degli allievi immigrati, non perdendo di vista che sul processo di inculturazione hanno avuto un ruolo non secondario i processi psicologici che sono pertinenti ciascuna individualità.

Lo sviluppo psicologico

Qui sopra si sono poste in evidenza alcune differenze rilevate nei comportamenti di individui appartenenti a culture diverse. Un approccio, sia pure essenziale, alle caratteristiche dello sviluppo psicologico risulterà utile alla piena e corretta interpretazione di quelle differenze. In altri termini, si avrà modo di dare appropriata collocazione allo sviluppo nel tessuto delle ricerche della psicologia transculturale. Infatti, in questo ambito lo sviluppo psicologico si profila quale effetto delle interazioni fra organismo biologico e influenze dell'ambiente. Si tratta, insomma di un processo continuo di cambiamento che corre lungo tutto l'arco della vita.

Pare necessario fare qualche chiarezza sulla nozione di ambiente. Solitamente si pensa alla dimensione globale delle condizioni che influenzano gli individui. Non si può non concordare con Cole (citato in J.W. Berry e altri, *op. cit.*, p. 31) quando ricorda che quella nozione è scarsamente coerente con la natura degli oggetti della ricerca della psicologia transculturale, la quale indirizza la sua osservazione a aspetti specifici della situazione ambientale e ai peculiari comportamenti che da questa sono influenzati. La pertinenza di questa posizione risulterà più chiaramente nel capitolo che segue, allorché prenderemo in considerazione simiglianze e differenze che emergono nella cognizione e nei processi cognitivi nelle diverse culture.

Naturalmente l'interesse degli psicologi va primariamente all'infanzia, età nella quale sembra possibile rilevare i caratteri individuali prima che essi siano decisamente influenzati dai modelli culturali. Nondimeno qui preme rilevare e interpretare i comportamenti anche dei bambini, nel quadro delle interazioni con l'ambiente. Non pochi psicologici hanno recuperato dalla biologia e dall'antropologia la nozione di *nicchia dello sviluppo*. Si osserva che «tradizionalmente la psicologia dello sviluppo tende a studiare il bambino fuori dal contesto socio-culturale, mentre l'antropologia culturale enfatizza il contesto in sé e l'adulto già socializzato» (M.H. Segall e altri, *op. cit.*, p. 114). Ora lo sviluppo del bambino si compie in un sistema nel quale l'ambiente fisico, le concezioni della crescita e dell'educazione dei piccoli giocano un loro preciso ruolo. Per cui notiamo che tre sono le componenti della "nicchia dello sviluppo": 1) il contesto fisico e sociale nel quale il bambino vive, 2) le pratiche di allevamento e di educazione culturalmente determinate, 3) le caratteristiche psicologiche dei genitori (*ibidem*).

Merita una breve riflessione la terza componente, a proposito della quale C. Super and S. Harkness (1986) hanno coniato l'espressione *parental ethnotheories*. Cioè, si richiama la psicologia dei genitori (o, comunque, di chi si dedichi all'assistenza educativa dei bambini), includendovi le convinzioni e i valori intorno allo sviluppo dei piccoli. Questo perché si constata che l'incidenza di quelle credenze dei genitori influenza in modo determinante la crescita dei bambini. È interessante quanto riferisce Sow in merito a questa condizione presso i Nahuas, indiani del Messico: «Per l'etnoteoria dei Nahuas, l'anima non è presente fino dalla nascita, bensì si sviluppa gradualmente più tardi. L'individuo ha diversi livelli di anima, dei quali il primo è innato, mentre gli altri livelli devono essere acquisiti tramite l'impegno personale. L'anima, acquisita progressivamente può andare anche perduta ed è compito degli adulti di evitare questa possibilità. La perdita dell'anima si manifesta con malattie, o con ritardo nello sviluppo, che sono attribuibili non alla costituzione del bambino, ma a perturbazioni esterne» (J. Sow, 1977).

Sow aggiunge che questa concezione trova riscontri anche in Africa. M.N. Chamoux (in P. Rossel, 1986) afferma che, presso i Nahuas le pratiche educative derivano interamente da quella concezione dello sviluppo. Ora pare giusto precisare perché si è data importanza a questo dato antropologico: se in quelle culture sono costitutive concezioni quali quella riferita a proposito dei Nahuas, chi ha responsabilità educative in una situazione scolastica multiculturale non potrà mancare di attivare un rapporto coi genitori degli alunni immigrati, anche allo scopo di individuarne convinzioni intorno allo sviluppo e all'educazione dei figli.

Nel tener conto delle dinamiche che si instaurano fra le variabili della "nicchia dello sviluppo" non si dimenticherà che il bambino non è un passivo occupante di quella nicchia. Costui non vive solo un processo di adattamento a un dato ambiente, egli lo influenza attivamente. Abbiamo citato più sopra dati relativi ai tempi di gioco e di lavoro di bambini appartenenti a culture diverse: vi si possono ora individuare le dinamiche che li giustificano. Da un lato vi è l'ambiente che manipola gli interessi spontanei del bambino costringendolo a impegni di lavoro, dall'altro lato vi è il bambino che, in misura maggiore o minore, riesce a rivendicare il diritto al gioco. I docenti, nella situazione multiculturale, cercheranno di percepire quanto psicologicamente sia costato al bambino l'accettare l'impegno di lavoro a scapito dell'interesse al gioco: se quella rinuncia al gioco è stata subita ed ha generato sentiti stati di amarezza, e scontento, ad esempio, si avrà cura di non esasperare il richiamo allo studio, finché almeno non si sia stati capaci di incentivare il conseguimento di un buon livello di "voglia di conoscere e capire".

Un breve cenno alla ricerca transculturale sulla "performance" infantile. Nel 1957 due ricercatori conclusero le loro ricerche in Kampala e in Uganda affermando di aver rilevata una marcata precocità nello sviluppo dei bambini africani. Si parlò allora di *African Infant Precocity*. Fu una affermazione molto contestata: tuttavia essa diede impulso a studi in questo ambito. Infatti nel 1972 si pervenne a una rilevazione molto meno controversa: quella della *psychomotor precocity* nel primo anno di vita, soprattutto nell'ambito delle culture africane. Quella precocità sembra riconducibile alle pratiche di allevamento dei bambini: le madri africane portano il bambino sulla schiena. Il contatto col corpo della madre, il rapporto tattile, visivo, uditivo, unitamente alla partecipazione alle esperienze quotidiane della madre, sono condizioni che stimolano il bambino in misura maggiore di quella che vivono i bambini occidentali, che trascorrono le ore per lo più distesi nelle loro culle.

Questo prova la chiara connessione fra *parental ethnotheories* e sviluppo motorio. Berry (*op. cit.*, p. 39) dice che i Bambara del Malì credono che un bambino dovrebbe stare seduto a tre-quattro mesi e lo addestrano a questo scopo; il Congolese crede che se un bambino non cammina a otto mesi è in ritardo e cerca un guaritore che pratichi una terapia che consiste nella manipolazione motoria e nella applicazione alle giunture di una mistura fatta con ossa di animali feroci e spezie.

Sempre a proposito di stimolazioni allo sviluppo è luogo comune pensare alla povertà degli ambienti ove vive il bambino africano. M.T. Knapen (1970) nota che per il bambino Mukongo (Zaire) "l'ambiente quotidiano è impressionante per la sua povertà di stimolazioni intellettuali". Ricerche più recenti fanno notare peraltro come i giovani africani hanno disponibili molti oggetti che possono usare impunemente. In effetti, nulla è proibito, neppure quegli oggetti che le madri occidentali sottraggono all'interesse dei loro bambini (cfr. P. R. Dasen e altri, 1986). E si nota che quegli oggetti non hanno una singola funzione: sono particolarmente rilevanti per il gioco simbolico, che come vuole Piaget, segnala il passaggio dallo stadio della intelligenza sensomotoria a quello preoperazionale.

Tutto ciò consente di precisare che la fase della intelligenza sensomotoria possa essere ritenuta un universale del processo psicologico: cioè, essa si presenta come aspetto psicologico invariante negli individui appartenenti a culture diverse. Rimane fermo che il gioco simbolico è legato alla cultura dell'ambiente di appartenenza: quindi, i bambini africani, come del resto quelli occidentali o quelli asiatici, vivono i processi della intelligenza sensomotoria facendo uso di oggetti e di relazioni propri dell'ambiente in cui crescono.

Lo sviluppo morale

Naturalmente questa tematica sarà qui affrontata in termini psicologici. Ossia, si farà riferimento alle ricerche della psicologia transculturale, con le quali si sono osservati i cambiamenti che si verificano nel comportamento quando ci si debba confrontare con questioni di natura morale. Si possono ricordare sia Piaget col suo saggio sul giudizio morale nel fanciullo (1932), sia Kohlberg con i suoi studi sullo sviluppo morale (1984): sono concezioni che sono state utilizzate dagli psicologi transculturali. Vero è che questi ultimi hanno utilizzato anche altre strategie di ricerca, ma le indagini al momento disponibili sono state condotte avendo come riferimento le due concezioni stadiali ricordate.

Kohlberg configura tre stadi dello sviluppo morale: *premorale* (o, preconvenzionale), proprio dei soggetti sotto i dieci anni e lungo il quale si obbedisce alle regole per evitare punizioni; quindi domina l'interesse personale; *di conformità* (o, convenzionale), proprio dei preadolescenti, che induce a rispettare le regole al fine di evitare senso di colpa derivante dalla censura della autorità (c'è implicita l'apertura agli altri); *dei principi* (o, postconvenzionale), si obbedisce alle regole in base a convinzioni maturate e a considerazioni oggettive (appartiene all'età adulta, allorché si interiorizzano i principi etici).

Intanto, la psicologia transculturale ha rilevato che solo una ridotta minoranza assume comportamenti coerenti col terzo stadio, anche nelle società occidentali. Prevale invece il secondo stadio, anche nelle società del nord America e in Europa. Va detto che si sono proposti correttivi alla concezione di Kohlberg. Dopo ricerche esperite in India, Shweder (R.A. Shweder e altri, 1990) propone l'esistenza di una alternativa alla "morale postconvenzionale", basata sulle concezioni "della legge naturale e della giustizia, piuttosto che sull'individualismo, il secolarismo e il contratto sociale e possibilmente modellate sulla famiglia quale istituzione morale".

Ancora in India, Miller (J.G. Miller e altri, 1990) ha rilevato che i giudizi degli indiani riflettono un codice morale che "tende a dare priorità ai doveri sociali, mentre i giudizi degli americani riflettono un codice morale che tende a dare priorità ai diritti individuali". Anche H.K. Ma (1988) manifesta il proposito di rivedere la concenzione di Kohlberg, prendendo in considerazione prospettive cinesi, quali il *Golden Mean* (o comportamento conforme a quello della maggioranza della gente), e il *Good Will* (o virtù di conformarsi alla natura).

Una indagine empirica rivela che i cinesi mostrano una più forte tendenza a eseguire atti altruistici verso gli altri e a conformarsi alla legge più di quello che fanno gli inglesi. In generale, il cinese enfatizza *Ch'ing* (affezione umana o sentimento) più che *Li* (ragione e razionalità), e valuta la filiale pietà, la solidarietà di gruppo, il collettivismo e l'umanità (J.W. Berry e altri, p. 33). Uno studio comparativo su tre scuole materne (americana, giapponese, cinese) offre elementi probatori di questa condizione. Ci si richiama alle teorie cinesi dello sviluppo del bambino e si osserva che egli «non è nato conoscendo come si doveva sviluppare correttamente (...) Sia Confucio che Mao enfatizzano che dal momento che il carattere è disegnato dall'esperienza, gli insegnanti hanno la responsabilità di insegnare agli allievi l'autolimitazione e un corretto comportamento. L'irreggimentazione e il controllo che gli insegnanti esercitano sui bambini sono percepiti anche dalla più ampia società, e forse dagli stessi bambini, non come una duro trattamento, bensì come l'espressione di cura e interesse» (J. J. Tobin, 1989, p. 96).

La personalità

Parlare di personalità significa essere interessati al comportamento di una persona e alla sua singolarità. Quindi lo studio della personalità si concentra sulle differenze fra individui. Su questo assunto fa perno la ricerca psicologica transculturale, che assume per oggetto le differenze fra i membri di culture diverse. Poiché in psicologia la personalità viene considerata come insieme delle caratteristiche psichiche e delle modalità di comportamento che sono peculiari dell'individuo, l'interesse dei ricercatori si indirizza necessariamente ai tratti connotanti la personalità individuale che verrà esplorata orientati dal metodo idiografico. La ricerca della psicologia transculturale procede analogamente, variando però l'oggetto: l'interesse precipuo sarà diretto al gruppo culturale, nel tessuto del quale saranno iscritte le differenze individuali.

Come già ricordato, quella ricerca non si esaurisce nella individuazione delle differenze, ma intende rintracciare le simiglianze che accomunano culture diverse. In tale prospettiva si colloca la rilevazione dei tratti della personalità comuni alle diverse culture. J.W. Berry e altri (*op. cit.*, p. 71) richiamano al *locus of control*, come concetto che ha riscontri nei comportamenti degli individui appartenenti a culture differenti. Quello è un concetto derivante da una teoria di apprendimento sociale nella quale il "rinforzo" ha un rilievo particolare. Nella vita di ciascuno di noi molti eventi conseguono alle nostre responsabili scelte, oppure esulano dal nostro personale controllo. Per questo il controllo può essere percepito come "esterno" se si ritiene che sia al di là delle nostre possibilità, come "interno" se lo pensiamo conseguente alle nostre capacità.

Sulla base di questa specificazione si vanno recependo differenze nei modi di essere delle personalità di soggetti appartenenti a culture diverse. Ad esempio, le ripetute ricerche negli U.S.A. dicono che i neri subiscono il controllo "esterno" più che i bianchi. Si è pensato che ciò fosse causato dal basso livello socio-economico, ma si è poi accertato che la diversità fra bianchi e neri permane anche quando le differenze socio-economiche sono state contenute (J. A. Dyal, 1984). Non si sono rilevate differenze apprezzabili fra Europa e U.S.A., mentre ve ne sono, e evidenti, fra U.S.A. e Paesi dell'Asia orientale. Particolarmente in Giappone è elevato il tasso di controllo esterno. Basti ricordare che in Giappone il conformismo è considerato una grande virtù e la pressione a sottomettersi, a non disturbare l'armonia sociale con atteggiamenti individualistici comincia anzitempo. Già nella scuola materna si mira a formare bambini obbedienti, perseveranti, gentili, orientati al bene della comunità e con un minimo di fiducia in sé (cfr. J. J. Tobin e altri, *op. cit.*, p. 32).

Queste valutazioni sembrano avvicinare, sul piano del conformismo, giapponesi e cinesi; ma non è così. «Le concezioni cinesi di gruppo sono inestricabilmente legate al concetto di ordine (...) Per preparare i bambini ad essere buoni membri di un gruppo gli insegnanti giapponesi enfatizzano il cameratismo e mettono i bambini in grado di poter interagire liberamente, senza l'interferenza dell'adulto. Gli insegnanti cinesi enfatizzano l'ordine e lo scopo comune e predispongono situazioni nelle quali i bambini possano partecipare all'esperienza della disciplina e del controllo sotto la direzione di un leader» (*ibidem*, p. 107). Il carattere di questa esperienza cinese non sembri in contraddizione con quanto afferma Berry, quando dice che vi è una correlazione positiva fra controllo interno e risultati della istruzione. In effetti il comportamento degli insegnanti cinesi è legittimato dai principi della rivoluzione culturale.

Sempre con riferimento ai tratti della personalità si può citare un costume degli Ashanti, abitanti una zona dell'Africa occidentale: al neonato è dato il nome del giorno nel quale egli nasce. Il nome allude al *kra*, l'anima del giorno; e ciò implica una disposizione a determinati comportamenti. Così, chi nasce il lunedì è ritenuto quieto e pacifico, chi nasce il mercoledì avrà una personalità aggressiva. A parte l'indagine che Jahoda ha condotto per accertare la reale corrispondenza fra predestinazione e comportamenti quotidiani (accertata in buona misura) (cfr. G. Jahoda, 1954), va notato il riscontro che anche in culture primitive si individua fra personalità e manifestazioni comportamentali.

Naturalmente quel riscontro assume nelle diverse culture gradienti diversi. Lo ha verificato J. G. Miller (in Berry e altri, *op. cit.*, p. 77) comparando comportamenti di adulti americani con quelli di soggetti Hindu in India, entrambi chiamati a menzionare rispettivamente azioni buone verso qualcuno e comportamenti devianti. Si è rilevato che gli americani hanno avuto maggiore attenzione alle disposizioni generali e particolarmente alle caratteristiche della personalità che non gli adulti Hindu. Pare certo che questo possa essere attribuito alla differenza di grado di istruzione.

Per chi, come gli insegnanti, ha il compito di esplorare le personalità per poter progettare significativi interventi educativi si pone il problema se i tratti della personalità siano da considerare come fattori stabili o meno. Nel primo caso si potrebbe essere favoriti nell'impegno predittivo, perché la descrizione della personalità avverrebbe secondo fattori non mutevoli. Ciò pare improbabile. Tuttavia non si può accogliere acriticamente la tesi di quanti pensano che il comportamento sia determinato globalmente dalle condizioni dell'ambiente ove l'individuo vive: le individuali disposizioni psicologiche giocano un ruolo non secondario nella interazione coi fattori ambientali. I tratti della personalità si configurano dinamicamente nelle more di tale interazione.

Per completare una sufficiente rassegna degli aspetti della personalità rilevandone le differenze che si riscontrano nelle diverse culture, si dovrebbe far cenno dei comportamenti affettivi, di quelli espressivi, nonché della comunicazione non verbale. Non lo consente lo spazio disponibile: per cui ci soffermeremo a identificare alcune manifestazioni di quella che è chiamata "indigenous personality". Ossia, di quel complesso di fenomeni che, osserva Berry (*op. cit.*, p. 89), di solito non si possono rilevare nelle culture occidentali. Ci sono teorie della personalità che non si basano sulle tradizioni occidentali di riflessione sulla esistenza umana. E anche se è dato trovare in esse influenze della cultura occidentale, va notato che quelle teorie sono fondate su intuizioni autentiche della specifica cultura.

Lo psichiatra senegalese Sow (*op. cit.*, 1977) ha strutturato una complessa teoria sulla *personalità africana*, facendo perno su antropologia e psicologia. La personalità viene così descritta: lo strato più esterno è il corpo, una sorta di "involucro corporale della persona". C'è poi un principio di "vitalità", identificabile con la funzione fisiologica, e quindi, comune a esseri umani e ad animali. Il terzo strato rappresenta ancora un principio di vitalità, ma questo ritrovabile solo nell'essere umano: sono le funzioni psicologiche. Lo strato più interno è il principio spirituale, che non perisce mai; esso abbandona il corpo all'atto della morte, ha una sua propria esistenza appartenendo al mondo degli antenati; rappresenta quel mondo in ciascuna persona.

Quegli strati della persona sono in costante relazione con l'ambiente mediante tre connessioni specifiche: quella tra il mondo degli antenati e il principio spirituale, quella tra principio psicologico di vitalità e la famiglia cui la persona appartiene, quella tra comunità e persona. Queste relazioni sono presenti, di solito, nella condizione di equilibrio della personalità. Quando tale equilibrio è disturbato si producono le malattie mentali. E questa anomalia, secondo la tradizione africana, ha sempre cause esterne. Così la rottura dell'equilibrio nella prima connessione è imputabile agli spiriti che trasmettono messaggi degli antenati; il disequilibrio nella seconda connessione provoca malattie organiche, acuti stati di ansietà, lento deperimento ed è causato da malie e con queste medesime curabile. Il disequilibrio nella terza connessione produce stati neurotici ed è provocato da aggressioni di nemici; è curabile con feticismi.

Berry (*op. cit.*, p. 91) nota che questa teoria di Sow va capita nel suo significato culturale e, quindi, va colta nelle implicite interpretazioni simboliche della realtà. L'importanza del simbolismo si può rintracciare anche nella concezione che della personalità hanno i Bambara, che vivono nel Malì. Essi distinguono sessanta elementi costitutivi della personalità: le relazioni fra questi elementi sono contrassegnate simbolicamente più che analiticamente.

Non è dubbio che anche gli allievi immigrati mantengano piena o parziale adesione a concezioni come quelle. Ad esempio, è rilevante aver prova del grado di adesione al principio dell'essenziale ricorso agli antenati; così come può risultare significativa la convinzione che tutti i malanni che soffriamo siano da imputare all'ambiente esterno. Particolarmente interessante ai fini educativi sarà capire in che misura l'idea di un principio spirituale, che vive di una esistenza propria e che alla morte del corpo si ricongiunge al mondo degli antentati, governi i comportamenti di questo o quell'allievo immigrato. Gli insegnanti cercheranno di capire quali riscontri hanno quei motivi sui comportamenti degli allievi: i dati conoscitivi che ne ricaveranno favoriranno una progettazione educativa quanto meno producente.

Soffermiamoci ora su una *concezione indiana della personalità*. Secondo A.C. Paranjpe (1984) il concetto di *jiva* è simile a quello di personalità. «L'ijva rappresenta tutto ciò che concerne un individuo, incluse tutte le sue esperienze e azioni lungo il ciclo della sua vita». La personalità è costituita dal corpo, dal "soffio di vita" ossia dai processi fisiologici, dalla sensazione e dalla mente, la quale coordina le funzioni sensoriali, dall'intelletto e dagli aspetti cognitivi della persona. Un quinto elemento, il più interiore della "ijva", è il luogo ove si fa esperienza di beatitudine. Riferendosi all'antico filosofo indiano Sankara, Paranjpe dice che «c'è qualcosa in noi che è sempre substrato del sentimento di sé. Questo qualcosa conosce ogni pensiero che è nella mente, ma non è conosciuto da quelli. Questo sé interiore (*antar-atman*) è un principio eterno che è sempre UNO e implica una piena esperienza di beatitudine». Per acquisire la stato di beatitudine si deve pervenire a una certo stato di coscienza. Distacco e quiete interiore, quindi trascendimento di spazio e tempo, sono il punto di arrivo del processo di coscienza. Si riconosce che questa non è una condizione facile da conseguire: soprattutto difficile è distaccarsi dagli stimoli e dalle vicissitudini del vivere quotidiano.

Questo è un limite che si attribuisce al carattere speculativo di quella, come di altre analoghe teorie della personalità indiana.

Ancora una considerazione: tratto fondamentale della personalità è il *concetto di sé*. In effetti, descrizione e comprensione della unicità individuale costituiscono il nerbo della personalità psicologica. Ci si deve allora chiedere se questa nozione subisce variazioni nelle diverse culture. Le ricerche effettuate in merito sono state molte. I dati che esse offrono conducono generalmente alla distinzione fra culture occidentali e culture dell'Oriente. La concezione occidentale del sé è quella di un individuo indipendente, autonomo e atomizzato (cioè, strutturato in un set di distinti tratti, abilità, valori, motivazioni), che cerca separatezza e indipendenza dagli altri (cfr. H. Markus and S. Kytayama, 1991).

Al contrario, nelle culture orientali relazione, associazione e interdipendenza sono ricercate e radicate in un concetto di sé non come entità distinta, ma come entità strettamente correlata agli altri. La persona vive la sua interezza solo quando si situa in una dimensione comunitaria.

Un richiamo conclusivo relativo all'utilizzo delle informazioni, meramente indicative, che si sono riportate sopra. Sono informazioni delle quali avvalersi in una duplice direzione. Anzitutto, servirsene per poter acquisire conoscenze sempre più adeguate della personalità e dei comportamenti di ciascuno degli allievi immigrati. L'osservazione che gli insegnanti eserciteranno sarà orientata da tali informazioni. Una seconda dimensione si disegna nella progettazione di quadri di approfondimento di quei dati, attivando un confronto coi caratteri più significativi della cultura di origine degli allievi immigrati coi quali quotidianamente si coopera nella scuola. Naturalmente ciò esige un impegno specifico della istituzione scolastica, cui compete fornire occasioni e strumenti per tale lavoro di approfondimento.

Capitolo Quarto

DIFFERENZE E SIMIGLIANZE NEI MODI DEL CONOSCERE NELLE DIVERSE CULTURE

1. Psicologia transculturale e cognizione

Non perdendo di vista la rilevanza che l'attività cognitiva ha per l'apprendimento e per l'educazione, si preciserà pregiudizialmente che la psicologia transculturale, nell'ambito cognitivo, intende attingere due scopi. Anzitutto, riconosciuto il significato fondativo del rapporto persona/cultura, si vogliono porre in luce le differenze emergenti nei processi cognitivi, interpretandole come prodotto della incidenza delle culture sullo sviluppo degli individui. Chiaro che l'atto di interpretazione potrà risultare di aiuto a quanti, come gli insegnanti, esplicano compiti formativi in situazioni di multiculturalità.

Ma, come già notato, la ricerca della psicologia transculturale non si esaurisce nella ricognizione dei comportamenti "diversi": in sostanza si cercano le "uniformità", per accertare se nel quadro dei processi cognitivi vi siano regolarità panumane. Ancora una volta si dirà che gli apporti della psicologia transculturale possono giovare agli educatori: in effetti, nell'allievo immigrato si dovranno cogliere i significati delle diversità nel comportamento, ma ciò sarà meno complesso se la ricerca transculturale accerta che i processi cognitivi si esplicano secondo regole universali.

Centriamo ora l'attenzione sulle attività cognitive. Si parla di *cognizione* in riferimento ai "processi umani coinvolti nella assunzione e uso della conoscenza del mondo in cui si vive": sono processi che consentono di conferire significati, di denominare, di categorizzare, di pianificare e analizzare, di considerare le probabilità, di risolvere problemi. In breve, sono attività intellettuali. La psicologia transculturale rivolge l'interesse alle manifestazioni di quelle attività nelle diverse culture. Va ricordato che la prima ricerca europea sulla "performance" intellettuale di popoli non europei ebbe come premessa il riconoscimento di uno stato di inferiorità, per il quale le "differenze" erano considerate come deficit. Lévy-Bruhl, nel 1910, giudicava i processi di pensiero dei non-occidentali come *prelogici*: quindi, non sostenuti dal bisogno di evitare la contraddizione. Questa l'argomentazione di Lévy-Bruhl: «I processi mentali dei "primitivi" non coincidono con quelli che siamo abituati a descrivere negli uomini del nostro mondo occidentale» (L. Lévy-Bruhl, 1910). Lévy-Bruhl chiarirà che non intendeva identificare i popoli "primitivi" come "selvaggi", bensì come "le più semplici società che egli conosca".

Si sa che, in questa ambito di conoscenza, sono maturate anche teorie fondate su un criterio storico-evolutivo per il quale i processi mentali erano correlati al livello qualitativo della cultura di appartenenza. Postulando una identità di base della mente umana e affermando il criterio evolutivo, si poteva inferire che i "primitivi" avevano una mentalità da bambini, più che da adulti. Senza dover percorrere il cammino della ricerca antropologica nell'arco di questo secolo, si può concludere ricordando che tutt'oggi vi sono studiosi che postulano la *great-divide*, la grande separazione, volendo con ciò riaffermare la presenza di differenze culturali qualitative nella cognizione a livello di culture non occidentali. Naturalmente, ciò a ragione di un radicale etnocentrismo.

Vi sono ora i dati di un gran numero di ricerche transculturali sulla performance intellettuale di individui appartenenti a culture diverse e se ne possono trarre motivi significanti. Anzitutto c'è la conferma della reale esistenza di differenze nella cognizione; tuttavia sono differenze che sono riconducibili al relativismo proprio di ogni cultura. Cole ed altri suoi colleghi hanno accertato che «le differenze culturali nella cognizione risiedono più nelle situazioni alle quali i particolari processi vengono applicati, che nella esistenza di un processo in un gruppo culturale e alla sua mancanza in un altro gruppo culturale» (M. Cole e altri, 1971, p. 233). Questa enunciazione è suffragata dalle molte ricerche empiriche che Cole e colleghi hanno effettuato fra alunni Kpelle e adulti in Nigeria e soggetti americani negli USA. Il set di progetti si occupava di apprendimento matematico, di comportamento quantitativo e di altre più complesse attività cognitive (classificazione, memoria e pensiero logico). Ad esempio, relativamente alla precisione nella misurazione dei Kpelle si concludeva che «unità di misura sono, in generale, non parti di un sistema di misurazione, bensì mezzi e modi specifici per gli oggetti misurati» (J. Gay and M. Cole, 1967). Quindi una ovvia conclusione: gran parte del comportamento dei Kpelle è "context-bound", cioè limitato al contesto, per cui non si possono generalizzare performances cognitive, prodotte in un contesto, per passarle ad un altro contesto.

In altri termini, le differenze che si notano nella cognizione relativamente a soggetti appartenenti a culture diverse, si manifestano nella prontezza e nella facilità con la quale la gente si impegna in peculiari operazioni cognitive in un *dato contesto*. Per cui si può affermare che i *contenuti* del comportamento variano a ragione dei modelli che offre il contesto di appartenenza. La ricerca transculturale sulla cognizione, lo si è visto, non intende limitarsi a rilevare le differenze, ambisce a porre in luce le uniformità. In altri termini, constatate le varianze che si rilevano nei modi coi quali gli individui interagiscono con l'ambiente in cui vivono (ad esempio, le abituali strategie nel risolvere i problemi quotidiani, i diversi atteggiamenti cognitivi nei confronti di eventi e di fenomeni, varianze nei ritmi di progresso verso lo "stadio" successivo di sviluppo, ecc.), resta da accertare se i processi cognitivi operano come fattori invarianti. Cioè, se tutti gli esseri umani, indipendentemente dalla loro appartenenza culturale, procedono, ad esempio alla categorizzazione o alla classificazione secondo procedure valide universalmente. Non pare vi siano dubbi: le ricerche transculturali attestano che il pensiero umano si esprime tramite processi che risultano invarianti nei diversi contesti culturali.

Una prima conferma. C. Scribner and M. Cole (1973), presentando i risultati di estese ricerche sul campo, concludono affermando che «tutti i gruppi finora studiati hanno dimostrato la capacità di ricordare, generalizzare, formare concetti, operare astrazioni e attivare ragionamenti logici».

2. Definizioni popolari di "intelligenza"

Prima di presentare indicative descrizioni delle differenze che nei diversi gruppi culturali si manifestano nei processi cognitivi (quali categorizzazione, classificazione, memoria, ragionamento inferenziale, ecc.) è interessante riflettere sulle definizioni, diciamo così, popolari dell'intelligenza che sono diffuse nei vari contesti culturali. Che in un gruppo culturale vi siano concenzioni "ingenue" della intelligenza ha posto agli psicologi transculturali molti problemi di impostazione della ricerca. Si doveva chiarire se le rilevazioni dovessero, o meno, orientarsi alla concezione di *intelligenza generale*: Spearman, ad esempio, riteneva che ci fosse una ordinata relazione fra tutte le capacità cognitive, e ciò suggeriva la presenza di una essenziale fonte di energia, detta appunto *fattore "G"* (quindi, "intelligenza generale"). Fra il fattore generale "G" e le diverse capacità cognitive è presente una positiva correlazione.

Questo, come altri modelli della intelligenza, ritenuti universali, avrebbe potuto essere assunto come valido strumento per la ricerca, qualunque fosse il contesto sul quale essa veniva esercitata. Tuttavia, ci si andava rendendo conto, come si è già accennato, che le differenze, anche nei comportamenti cognitivi, sono da ricondurre alla applicazione dei processi mentali alle specifiche condizioni del contesto ecologico e culturale. Nel contempo, si raccoglievano numerosi elementi probanti la dipendenza fra sviluppo personale e circostanze dell'ambiente: dipendenza che, non di rado, si rivelava produttiva di comportamenti culturali deprivati.

Tale è il motivo peculiare per il quale, ad esempio, P.E. Vernon (1969, p. 230), allo scopo di cogliere il significato delle variazioni che si notano nella manifestazioni della intelligenza, fa uso di un differenziato set di "cultural experiences". Queste: esperienza percettiva e cinestetica, stimolazione variata, stimolazione linguistica e concettuale (ad esempio, libri, viaggi), assenza di credenze di magia, tolleranza del non conformismo nella famiglia, scolarizzazione regolare e prolungata, positivo concetto di sé, ecc. Il riferimento a tale ventaglio di esperienze, di fatto implica lo specifico orientamento di non pochi psicologi transculturali, per i quali la "competenza cognitiva" o intelligenza, dovrebbe essere definita in modo differente per *ciascuna cultura*» (M.H. Segall e altri, *op. cit.*, p. 104). Tutto questo giustifica il nostro interesse per le definizioni "ingenue" della intelligenza: oltretutto, ciò dovrebbe fornire dati e giudizi utili ad approfondire la conoscenza della personalità di soggetti immigrati che partecipano alla vita della scuola.

Bisilliat e altri condussero la loro ricerca fra i Djerma-Sonhai in Nigeria, dove si imbatterono nella parola *lakkal*, che può essere letta sia come "intelligenza", sia come "comprensione", sia come know-how, sia come consapevolezza dei comportamenti sociali corretti. Un ventaglio esauriente sia della essenza che dei processi dell'intelligenza. Si aggiunga che la *lakkal* è un dono di Dio, presente nell'individuo fino dalla nascita: tuttavia questo potere umano rimane invisibile fin verso il settimo anno di età. Tanto che i genitori affermano che nel figlio la intelligenza comincia a rendersi manifesta quando egli è capace di contare fino a dieci. «Un bambino che ha la *lakkal* ha buona comprensione di molte esperienze, ha buona memoria, è obbediente e compie rapidamente e anche spontaneamente quello che da lui ci si attende. Questo concetto ha almeno due dimensioni, una della quali concerne l'attitudine al "conoscere come" e l'altra alla competenza sociale» (citato in M.H. Segall e altri, *op. cit.*, p. 104). Qualche breve riflessione su questa connotazione delle capacità conoscitive. Intanto, la prima e la seconda infanzia del bambino vengono considerate manchevoli dell'apporto di capacità intellettive sostanziali: e ciò diversamente dai criteri della psicologia che nel mondo occidentale riconosce al piccolo capacità cognitive, sufficienti a un primo confronto con la realtà. Si aggiunga che l'intelligenza è considerata un dono di Dio: questa non può non essere che una condizione di impegno della intelligenza. Sono connotazioni da valutare nel caso che nella scuola ci si debba confrontare con immigrati portatori di questa caratteristica culturale.

In Uganda si trova un termine che ha significato analogo a "lakkal": il termine è *obugezi* che indica saggezza e capacità e disponibilità alla relazione sociale. In Kampala, capitale dell'Uganda, quel termine suona in modo simile all'inglese "intelligence".

Sono sufficienti questi due riferimenti a concrete situazioni culturali per porre in evidenza le due dimensioni della interpretazione di "intelligenza" in Africa. Interpretazione confermata dalla ricerca in Zambia condotta da Serpell, da quella in Malì e in Kenya condotta da Putnam e Kilbride, da quella in Kipsigis-Kenya condotta da Super (cfr. R. Serpell in J. Retschitzki e altri, 1975; D.B. Putman and P.L. Kilbride, 1980; C.M. Super, in J.B. Deregowski, e altri, 1983). In sostanza, si considera l'intelligenza basata sulla dimensione tecnologica e sulla dimensione sociale. Si dice che, in Occidente la dimensione della intelligenza implica preminentemente la manipolazione delle cose e il controllo dell'ambiente. La dimensione sociale dell'intelligenza in Africa implica l' "essere" più che l'avere e le relazioni interpersonali più che quelle con le cose.

Si ipotizza che «l'origine di questa intelligenza sociale sia attribuibile all'enfasi della socializzazione presente in molte parti dell'Africa durante la prima infanzia, particolarmente per il modo con il quale le madri interagiscono direttamente coi propri bambini. Questa interazione non implica oggetti o intermediari» (M.H. Segall e altri, *op. cit.*, p. 105). Aggiungiamo che i caratteri di quella intelligenza non sono rilevabili con test approntati per un ambiente occidentale, perché limitati alla rilevazione di atteggiamenti cognitivi e, perciò, non idonei a rilevare comportamenti quali l'obbedienza e la cooperazione. Dasen e altri, in una ricerca fra i Baoulé in Costa d'Avorio, notano che non c'è alcuna relazione fra quella concezione africana della intelligenza e i risultati dei test piagetiani a livello di "operazioni concrete".

La ricerca di Dasen (P.R. Dasen e altri, 1985) fu diretta a esplorare il concetto di *n'glouèlê*. Significa latamente "intelligenza", ma «ha una dimensione sociale cui dimensione tecnologica e dimensione cognitiva sono subordinate. Fra le differenti componenti di questo concetto, il più frequentemente ricordato è l'*ò ti kpa* o "volontà di aiutare". Un bambino ha più *n'glouèlê* se volontariamente offre aiuto, sia per lavori domestici che per lavori agricoli. E il bambino è tanto più *ò ti kpa* se adempie a quei compiti bene, spontaneamente e responsabilmente. Così un adulto Baoulé descrive quel tipo di bambino come uno che aiuta i genitori invece di giocare con gli amici, uno che lava i piatti e compie altri servizi domestici senza che glielo chiedano i genitori di farlo» (M.H. Segall e altri, *op. cit.*, p. 107).

A integrazione di queste note, citiamo l'elenco dei comportamenti che si ritengono propri di chi ha "intelligenza" (*n'glouèlê*). Sono: la cortesia, la responsabilità, lo spirito di iniziativa, lo know-how, l'obbedienza, l'onestà, la gentilezza, il saper raccontare una storia con precisione (quindi, memoria verbale), il parlare in un gruppo in modo appropriato, agire come un adulto (per il quale la saggezza è dote primaria). Si osserva che la cortesia quale componente della intelligenza (cioè, disponibilità a adempiere a compiti utili per la famiglia e la comunità) può essere considerata una caratteristica estensibile alla maggior parte dei popoli africani.

Dasen (P.R. Dasen e altri, *op. cit.*) rileva anche che nella dimensione detta "tecnologica" della intelligenza si trova la *I sa si n'glouèlê*, letteralmente "le mani sono intelligenti": cioè si vuol dire che l'abilità manuale non può andare disgiunta dall'impegno intellettivo. Conclusivamente, in Africa si disegna una intelligenza, le cui componenti sono «integrate in un concetto che include sia la dimensione sociale, sia una subordinata dimensione tecnologica».

È quasi ovvio chiedersi se questa attenzione specifica alla

dimensione sociale della intelligenza è prerogativa solo dei popoli africani. Non sono mancati gli studi in merito. Ci soffermiamo su uno studio comparativo che pone a confronto cinesi e australiani, cui viene richiesto di delineare le caratteristiche di una "persona intelligente". I due gruppi furono concordi nel segnalare alcune caratteristiche di tale persona. Queste: avere una mente aperta alla indagine, avere creatività, originalità, capacità di *problem solving* e saldo possesso di conoscenze. Tuttavia, i cinesi privilegiavano l'imitazione, l'osservazione, l'accuratezza e la precisione, laddove gli australiani facevano più spesso riferimento alla capacità di comunicare e alle abilità linguistiche. In sostanza, per i cinesi i tratti della persona intelligente sono la perseveranza, la capacità di impegno e di lavoro e la responsabilità sociale; mentre gli australiani segnalano la fiducia in sé, la felicità e l'efficacia nelle relazioni sociali (cfr. D.M. Keats, in P. Sukontasarp e altri, 1982). Pare evidente che la dimensione sociale della intelligenza, così come emerge nelle culture africane, sia configurabile anche nella cultura cinese, nella quale pare abbiano prevalenza le ragioni della comunità cui appartiene l'individuo.

Analogo problema si erano posti i ricercatori che, in un ambiente rurale del Guatemala, cercavano di cogliere i significati che lì si attribuivano alla intelligenza. Il termine *listura*, che appunto è traducibile come "intelligenza", connota i bambini che sono capaci di esprimere se stessi, che hanno buona memoria, che sono indipendenti, che sono fisicamente attivi. Non sembra che quel termine abbracci anche una componente sociale analoga a quella che è parte strutturante la intelligenza così come viene concepita nelle culture africane.

Queste succinte indicazioni relative ai dati ricavati dalle ricerche sui modi di concepire il concetto di intelligenza, sembrano confermare che le varianze rilevabili nei diversi gruppi culturali sono riferibili ai differenti contesti ecologici e culturali. È significativo che, particolarmente nelle culture africane, la dimensione sociale della intelligenza abbia un rilievo preminente: in quelle società l'affermazione e la difesa del gruppo non può non essere interpretata dall'individuo come condizione per la sua crescita personale. La cultura occidentale, che radica in secoli di speculazione filosofica e che si accompagna allo sviluppo della razionalità scientifica, se pure postula attenzione al sociale, di fatto coltiva le doti di personalità che fanno perno sulla libertà di pensiero e sull'autonomia, quali categorie corroboranti la individualità.

Tale antinomia si può configurare anche nella situazione educativa multiculturale: la si dovrà affrontare con la consapevolezza che le differenze *culturali* che si segnalano nella personalità degli allievi immigrati, non sono "deficit" da erodere con pratiche assimilative.

3. LA PERCEZIONE

Lo si sa bene che la percezione è una funzione psicologica che permette di raccogliere informazioni sullo stato e le modificazioni dell'ambiente per il tramite degli organi di senso. Diversamente dalla sensazione (cui si attribuisce la funzione di recezione degli stimoli) la percezione viene concepita come un processo per il quale gli stimoli vengono selezionati e organizzati. È ovvio che quel processo, pur essendo funzione universale del conoscere, si dipani sotto l'influsso delle incidenze culturali. In questa prospettiva anche lo studio della percezione acquista significato non secondario nella ricerca transculturale. Se è pur vero che è provata la universale simiglianza nell'anatomia e nella fisiologia degli organi sensoriali dell'uomo, per cui si è tratti a ritenere che le impressioni sensoriali, nel contesto del sistema percettivo, siano invarianti nelle diverse culture, considerare la processualità della percezione significa prefigurare la elaborazione degli stimoli in ordine anche alla loro natura.

Chiarisce J. Eibl-Eibesfeldt (*op. cit.*, p. 27) che «gli uomini non devono solo percepire gli oggetti, ma devono svolgere compiti di riconoscimento anche se gli oggetti si trovano in diverse posizioni spaziali, a diverse distanze, in diverse condizioni di illuminazione». Sarà la elaborazione degli stimoli che darà significanza alla percezione: ma è evidente che sulla elaborazione giocheranno un ruolo importante i significati delle esperienze culturali indotte dall'ambiente. Quindi si può dire che la percezione è influenzata dall'apprendimento; tanto vero che le differenze nell'atto percettivo si correlano alle diversità ecologiche e culturali dell'ambiente.

Berry (cfr. J.W. Berry e altri, *op. cit.*, p. 133) individua quattro motivi che possono consentire di dare spiegazione delle differenze che si manifestano nella reazione a semplici stimoli sensoriali. Sono: a) le condizioni dell'ambiente fisico che influenzano direttamente l'apparato sensoriale; b) quelle medesime condizioni che però influenzano indirettamente; c) fattori genetici; d) le differenze culturali nella interazione con l'ambiente. Un riferimento concreto al primo motivo, richiamando i dati di una ricerca sulla acutezza uditiva. Si è riscontrato che i Bushmen, abitanti del deserto di Kalahari in Africa, conseguono valori uditivi superiori a campioni di danesi e di statunitensi. I risultati della ricerca si presentano singolari per gli individui più anziani: ciò a ragione del fatto che nel deserto del Kalahari vi sono condizioni ambientali che rallentano il naturale processo di attenuazione della capacità uditiva. Ciò dice che le differenze uditive dipendono dalle complesse caratteristiche dell'ambiente vibratorio in cui le diverse popolazioni vivono.

Riscontri agli altri motivi elencati sono ritrovabili in studi e ricerche che concernono particolarmente le modalità visive. È risaputo che il colore è una qualità fisica degli oggetti e, insieme, una impressione o sensazione dell'osservatore umano. Cioè, dal punto di vista fisico i colori sono una specificazione della energia radiante; dal punto di vista emotivo e simbolico, i colori rappresentano, in ogni area geografica e a ogni livello di conoscenza, uno dei riferimenti più appaganti della lettura simbolica, sia del mondo esteriore che di quello interiore. Pensiamo al *nero* che è indice di totale assenza di luce e, perciò stesso, simbolo della oscurità e della morte; il *bianco*, in quanto fusione di tutti i colori dello spettro e poiché non contiene alcuna dominanza cromatica, si fa simbolo della purezza; il *rosso*, per la sua confluenza cromatica con il sangue, diviene simbolo della energia vitale.

Non proseguiamo nella identificazione dei significati emotivi e simbolici dei colori, perché nell'ambito degli studi transculturali quei significati possono assumere qualificazioni diverse da cultura a cultura. Ad esempio, per i Medlpa, in Nuova Guinea, la barba nera simboleggia dominanza maschile, in quanto quel segno proprio dei maschi assume carattere intimidatorio. Tanto che, quando i Medlpa si radunano per feste pacifiche, essi si tingono di bianco quella barba nera (cfr. J. Eibl-Eibesfeldt, p. 446).

È chiaro che fin qui si è esemplificato per giustificare l'asserzione che anche la percezione dei colori subisce varianze nelle diverse culture per l'impatto con stati emotivi e per corrispondere l'esigenza della simbolizzazione. Ora si dovrà ricorrere a H. Magnus (citato in J. Berry, *op. cit.*, p. 137) che, più di un secolo fa, si propose di stabilire l'estensione della visione cromatica in popoli non civilizzati, cercando nel contempo di individuare le espressioni verbali usate per i diversi colori. In contrasto con la sua primitiva convinzione, Magnus trovò che la serie di colori percepibili era invariante nelle diverse culture, anche se non pochi linguaggi mancavano di termini per nominare tutti i colori.

Questa condizione è stata confermata dalle ricerche che si sono effettuate fino ai nostri giorni. Anzi, si sono precisati alcuni aspetti rilevanti. Anche se nel linguaggio di una cultura non vi sono sufficienti termini verbali per indicare gli undici colori base, tuttavia si è constatato che la «categorizzazione del colore non è compiuta mai a caso»; anzi, i termini dei colori base sono simili in tutti i linguaggi (B. Berlin and P. Kay, 1969, p. 10). Quindi si può affermare che i cosiddetti "focal colors" sono prontamente percepibili indipendentemente dalla cultura che la gente vive e che le etichette verbali, se non sono disponibili nel lexicon di un linguaggio e possono essere presto apprese, dovranno necessariamente essere sistemate in categorie (J.W. Berry e altri, *op. cit.*, p. 143).

Un breve inciso che, tra l'altro, facilita la comprensione della natura della percezione dei colori. Ci si riferisce al linguaggio e ai *fonemi*, che sono le più piccole unità identificabili del linguaggio stesso. Gli studiosi notano che ci sono differenze fra linguaggi riguardo ai set di fonemi che vengono usati. Ad esempio, i due suoni della lingua inglese "l" e "r" non sono distinti in giapponese, mentre un "b" aspirato proprio di molti linguaggi arabi non ricorre nella lingua inglese. Ora c'è da ricordare che quando si pronunciano suoni di fonemi, l'ascoltatore tende a categorizzarli secondo categorie che sono proprie della lingua che egli parla. Quindi, la percezione del linguaggio risulta influenzata dalla esperienza linguistica di origine; e ciò crea difficoltà anche all'immigrato che viene stimolato ad apprendere la lingua del nostro Paese.

Ma estendiamo ora il discorso dalla percezione dei colori a quella delle illustrazioni e delle pitture. Anche in questo ambito si potrà rilevare quanto i modelli culturali dell'ambiente di appartenenza incidano sull'atto percettivo. Deregowski e collaboratori (J.B. Deregowski, 1972) hanno impostato ricerche sulla rappresentazione pittorica fra i Mekan, in Etiopia. Come stimoli, hanno fatto uso di disegni abbastanza dettagliati di animali. Quasi la generalità dei soggetti contattati identificava gli animali raffigurati, ma solo dopo qualche tempo e non senza sforzo. Non solo, alcuni di loro andavano oltre la percezione visiva, perché volevano toccare la tela sulla quale era il dipinto e, talvolta, la volevano odorare. In sostanza, in culture prive di tradizione pittorica, la percezione di illustrazioni o di dipinti non è sempre immediata: vi influiscono sia il riconoscimento della figura rappresentata, sia la comprensione delle raffigurazioni simboliche. Infatti, le pitture o le illustrazioni sono percepite in una certa maniera sul metro delle tradizioni culturali intorno al modo di raffigurare un oggetto o una scena. Vi è chi parla di codici, anche per questo campo espressivo: codici che l'appartenente a quella cultura assume, talvolta privo di una seria convinzione sul significato dei codici medesimi.

Le considerazioni qui sopra avanzate e i correlati riferimenti esemplificativi inducono a pensare la percezione come capacità che subisce una determinante influenza da parte dei modelli culturali dell'ambiente. Possiamo inferire che la percezione si configura come risultante di processi innescati dall'esperienza e dall'apprendimento? Fa osservare Eibl-Eibesfeldt che «il fatto che dati ambientali vengano interpretati ovunque secondo gli stessi principi, dimostra chiaramente il contributo di programmi innati. Cioè, percettivamente siamo soggetti a "illusioni ottiche". Osserviamo la luna attraverso un cielo parzialmente nuvoloso: si ha la sensazione che la luna si stia muovendo incontro alle nuvole. Aggiunge Eibl-Eibesfeldt (*op. cit.*, p. 26): «Per quanto si sappia che sono in realtà le nuvole a muoversi rispetto alla luna, la nostra percezione è diversa; Il nostro apparato percettivo interpreta cioè le cose in modo contrario alla nostra pur approfondita conoscenza dei fatti». È interessante notare che tutte la popolazioni sono, almeno in qualche misura, suscettibili a tutte le illusioni ottiche che sono state oggetto della ricerca transculturale.

Non si può mancare di prestare attenzione alla percezione nel campo estetico. Diciamo subito che, nonostante le evidenti differenze negli stili, si rintracciano meccanismi percettivi comuni che sfociano a simiglianze del giudizio estetico nelle diverse culture. Questo non significa che non si possano rilevare differenze: sono da ricercare nelle convenzioni relative a tradizioni artistiche. Convenzioni, in qualche misura, arbitrarie, perché fondate sulla convergenza di consensi culturalmente indotti.

Cerchiamo riscontri in ben individuabili contesti culturali. Per corrispondere questo intento sarà utile attestarsi sul concetto di arte come comunicazione, perché sarà più immediato il riferimento alla capacità percettiva. Non è dubbio che chi dà forma e contenuto a espressioni artistiche intende anche comunicare messaggi che, nell'atto di essere percepiti, suscitano stati d'animo, sentimenti, fantasia, consenso o dissenso, ecc. Avvalendosi di questo criterio si possono segnalare almeno tre modalità distinte della percezione della espressione artistica: quella che si accentra sugli ornamenti e decorazioni usati per abbellire il corpo, quella che consente di partecipare alla comunicazione col mondo degli spiriti, quella che favorisce la coesione del gruppo, animando la contrapposizione ad altri gruppi.

Localizziamo, con esemplificazioni puramente indicative, quelle modalità. Il bisogno estetico di ornarsi e decorarsi il corpo è manifesto in tutte le culture. Le donne !Kung (Kalahari) si adornano e adornano i loro bambini con perline di vetro tagliate a forma di disco: oltre che come ornamento, quelle perline servono come amuleto per allontanare il male. Il capo dei Medlpa, in Nuova Guinea, quando si dispone alla danza si adorna la testa con una casco di penne colorate. Egli non vuole solo adornarsi: quell'appariscente ornamento vuol essere segno di forza, di grandezza, di ricchezza. È noto che membri di tribù africane si dipingono il corpo e vi fanno tatuaggi: non è solo una risposta alla esigenza estetica, è anche mezzo per indicare l'appartenenza a un gruppo.

Nota Eibl-Eibesfeldt (*Id.*, p. 450) che «molte creazioni artistiche primitive servono a comunicare con gli spiriti o con altri esseri non-umani, ai quali per antropomorfismo vengono attribuite capacità percettive tipicamente umane. Li si spaventa con smorfie di minaccia, li si tiene a distanza mostrando loro il palmo della mano, li si acquieta indirizzando loro segnali amichevoli o li si invoca con appelli pacificatori». Si hanno presenti le statuette che mostrano sguardi e gesti minacciosi: le popolazioni tribali le costruiscono per tenere lontani i demoni. Abitanti di Katmandu (Nepal) dipingono sulla porta di casa occhi minacciosi a protezione dell'abitazione. Significativo anche un amuleto turco a forma di mano sovrastato da un occhio minaccioso; sono due elementi — la mano e l'occhio — che esprimono intenzione intimidatoria.

Ancora Eibl-Eibesfeldt (*Id.*, p. 452) aiuta a decifrare la terza modalità percettiva nell'ambito estetico. Dice che "se si trascorre un po' di tempo fra i Boscimani del Kalahari, ci si abitua alle semplici melodie che accompagnano le loro danze e che sono cantate incessantemente dalle bambine e dalle donne, tanto da diventare il motivo conduttore della vita quotidiana. Se si vive in un villaggio balinese, si odono di continuo le melodie dei suonatori di *gamelan*, una sorta di "scacciapensieri". In questa prospettiva, l'eredità artistica esplica la funzione di legame fra i membri del gruppo.

4. Categorizzare, classificare, memorizzare

Non è superfluo ricordare che riflettere sui processi cognitivi, in questa sede, ha come obiettivo la specificazione delle condizioni nelle quali si verificano le variazioni culturali. Tenuto conto che quei processi esplicano funzioni universali (cioè, analoghe in tutte le culture), si dovrà procedere a localizzare l'insorgere delle differenze nel processo di conoscenza. Segall (*op. cit.*, p. 160) afferma che quelle differenze si palesano 1) nel modo in cui quel processo viene attuato, 2) riguardo ai contenuti che vengono elaborati, 3) relativamente al contesto nel quale i processi cognitivi vengono operati.

Queste condizioni sono proponibili quali criteri-guida nella rilevazione delle attività intellettuali nei diversi gruppi culturali. Considereremo la *categorizzazione*, la *classificazione*, la *memorizzazione* quali attività mentali il cui funzionamento è di abbastanza agevole considerazione nei differenti contesti culturali. D'altro canto queste sono attività che si prestano a una comparazione e che, perciò, possono garantire agli insegnanti che gestiscono situazioni scolastiche multiculturali, la possibilità di attingere ambiti sempre più qualificanti di conoscenza degli allievi immigrati.

La *categorizzazione* è un'attività cognitiva essenziale che rende possibile semplificare e rendere gestibile il rapporto con l'ambiente. Il numero di differenti stimoli, virtualmente infinito, che dobbiamo fronteggiare, impegna nella categorizzazione di tali stimoli, sia a livello percettivo che a livello concettuale. Categorizzando come equivalenti eventi diversi e distinti, riduciamo la complessità del nostro ambiente e ciò consente la identificazione degli oggetti di quel medesimo ambiente, limitando la necessità dell'apprendimento costante. In sostanza, "categorizzare" è rendere equivalenti cose distinguibilmente differenti, aggruppando gli oggetti, gli eventi, la gente.

Gli psicologi transculturali si sono posti la domanda se i criteri della categorizzazione siano universali. Poiché fatto saliente della categorizzazione è il processo di "invenzione dei modi di aggruppare", si nota che le differenze culturali si verificano anche a ragione dei diversi modi di "aggruppare" oggetti, eventi, persone. E. Rosch (1977) ha compiuto ricerche nella Nuova Guinea indonesiana ed ha accertato che la categorizzazione si realizzava sulla base di prototipi. Ad esempio, poiché «ci sono colori percettivamente rilevanti che attraggono prontamente l'attenzione, e quindi sono più facilmente ricordati che non gli altri colori, allora si utilizzano questi colori per strutturare il campo cromatico in categorie». Alla stessa popolazione si è proposto il problema della categorizzazione con cerchi e quadrati regolari, nonché con triangoli equilateri: si è prodotto un processo mentale analogo a quello verificatosi coi colori. Lo stesso Rosch ha rilevato che anche con bambini statunitensi si ha anzitutto l'apprendimento dei colori principali, che vengono poi assunti come prototipi di fattori della categorizzazione.

Notevoli indicazioni vengono da studi, che abbiamo già ricordati, effettuati da M. Bossel-Lagos (1991) sullo sviluppo della capacità di categorizzazione in due gruppi di bambine peruviane di età fra i 6 e i 14 anni. Un gruppo era di lingua spagnola, ed era costituito da bambine appartenenti a famiglie agiate e colte. L'altro gruppo viveva in un villaggio delle Ande in situazioni economiche modeste e con genitori analfabeti o semianalfabeti. Venne chiesto ai membri dei due gruppi di portare i più pertinenti riferimenti per queste "categorie": malattia, fiore, giocattoli, mobilia, uccelli, pesci, mezzi di trasporto, verdure, vestito.

Si ebbero rilevanti differenze fra i due gruppi, anzitutto, sulla ricchezza di vocabolario: il secondo gruppo mostrò una diffusa povertà di lessico. Inoltre, il gruppo che abitava sulle Ande, per alcune categorie (mezzi di trasporti, giocattoli, ad esempio), non riuscì a indicare che pochissimi riferimenti e sempre portati con povertà di linguaggio. I ricercatori attribuirono questa differenza alla scarsità di esperienza e alla depressa condizione culturale dell'ambiente.

Accertato che i prototipi della *classificazione* si determinano sulla base del conformismo sociale e sono diversi nelle varie culture, pare certo che il processo di sviluppo della capacità di classificazione abbia carattere universale e, perciò, risulti *invariante* nei diversi contesti culturali ed ecologici.

Si rilevano tendenze nel comportamento di *classificazione* lungo l'arco dello sviluppo della personalità. I bambini più piccoli tendono a valutare degli oggetti come equivalenti sulla base di singole, superficiali o incidentali proprietà percettive, come il colore o il numero. Classificare sulla base della forma richiede astrazione e perciò è proprio di individui più maturi. Fanciulli e adolescenti classificano in relazione alla funzione dell'oggetto. Ricerche condotte in Africa dicono che prevale la classificazione secondo il colore, seguita da quella secondo la forma e, quindi, da quella secondo la funzione. Peraltro è risultato che bambini scolarizzati del Senegal, diversamente dai non scolarizzati, tendono a ignorare il colore e a impiegare per la classificazione altre caratteristiche degli oggetti e specialmente la forma. Questi dati hanno trovato conferme negli studi condotti da Evans e Segall (J.L. Evans and M.H. Segall, 1969) in Uganda. Essi vollero verificare l'ipotesi che se si chiede a un soggetto semplicemente di "classificare", egli risulterà incapace, specialmente riguardo alla "funzione". Essi sperimentarono con un campione di 302 bambini, appartenenti a località urbane, semiurbane e rurali. Di essi 270 erano scolarizzati (di prima, terza e quinta classe). Furono loro assegnati due compiti: nel primo dovevano trovare gli oggetti simili per aspetto fisico, nel secondo sulla base della funzione.

Se ne ricavarono questi dati: il colore era il concetto più facile da conseguire per operare la classificazione, rispetto a quello di funzione. Anche i bambini non scolarizzati mostrarono questo comportamento, ma incontrarono molte maggiori difficoltà nel classificare per funzione. La conclusione generale fu che la scolarizzazione rende capaci i soggetti di prendere in considerazione ipotesi più complesse e di comprendere più prontamente la classificazione secondo la funzione.

Segall (*op. cit.*, p. 168) deduce da tutto ciò che le differenze nei processi di categorizzazione e di classificazione nelle diverse culture non siano attribuibili tanto alla capacità di elaborare le informazioni, quanto alle esperienze che si sono avute e si hanno nel contesto culturale e sociale.

Segall (*Ibidem*) si chiede: se la gente nelle differenti culture classifica eventi e oggetti in modo differente, ricorda anche in modo diverso? È stata convinzione molto diffusa che popoli con tradizioni orali posseggano una memoria eccezionale. Per accertare la validità, o meno, di quella convinzione, precisiamo che la *memoria* è la capacità di conservare tracce della propria esperienza passata, recuperandole allo scopo di relazionarsi con maggiore consapevolezza con la realtà. Una ipotesi della neurofisiologia della memoria fa ritenere che la persistenza dei ricordi dipenda da una trasformazione che si verifica nella struttura del cervello. In sostanza, le tracce (engrammi) si depositano nelle cellule nervose sotto forma di particolari molecole di acido ribonucleico (RNA), prodotto dall'attività neurale. Si aggiunga che quelle tracce sono prodotte dalle informazioni in entrata che si depositano nella "memoria a breve termine": alcune di quelle tracce non vengono codificate e, perciò sono destinate all'oblio, altre invece passano per il cosiddetto "cuscinetto di ripetizione" e vengono codificate per essere immagazzinate nella "memoria a lungo termine", nella quale troveranno una collocazione permanente.

Fermiamo l'attenzione sul *processo di ripetizione*, tramite il quale si memorizza a lungo termine, per cercare di validare la eccezionalità della memoria in popoli dalle tradizioni orali. Parrebbe congrua quella rilevazione: la tradizione orale implica il processo di ripetizione, sia da generazione a generazione, sia nei medesimi individui che quella tradizione vuole coscienti dei valori e dei costumi del gruppo. In effetti, ricerche empiriche sembrano avvalorare quella tesi di una superiorità di memoria in società dalla marcata tradizione orale.

Una indagine empirica su due gruppi di studenti universitari, uno di New York e l'altro del Ghana, ha verificato che la ritenzione di argomenti contenuti in alcune storie, erano meglio ricordati dai Ghaniani che non dagli americani. Del resto si è accertato che appartenenti a società non letterate ricordano meglio oggetti e illustrazioni di quanto non fanno i soggetti di società letterate, i quali sono assuefatti a codificare l'esperienza in parole.

Sono interessanti le esperienze sulla memoria condotte con soggetti, scolarizzati e non, in Liberia (cfr. M. Cole and S. Scriben, 1974): i dati raccolti fanno dubitare che i processi mnemonici si producano in modi intrinsecamente migliori nelle società preletterate. Le ricerche furono condotte con i Kpelle, appunto in Liberia e se ne confrontarono i risultati con quelli ottenuti con un'analoga ricerca condotta con soggetti americani. In sintesi così possiamo presentare quei risultati. Quando si consentiva ai Kpelle di far uso delle proprie categorie di conoscenza, o quando essi recuperavano certi espedienti per raggruppare il materiale che doveva essere ricordato, essi, specie se scolarizzati, erano capaci ricordare nella stessa misura dei soggetti americani. Ciò pone in evidenza due fenomeni: l'assenza di una superiorità mnemonica nei Kpelle rispetto alla capacità di memoria degli americani; l'incidenza della scolarizzazione sulla performance mnemonica.

Questo secondo richiamo avvalora gli effetti della istruzione, con la quale si insegna alla gente a ricordare aggregati che, in prima istanza, non sono percepiti come collegati. Inoltre l'istruzione favorisce l'elaborazione concettuale: cioè, associa le informazioni percepite alle conoscenze già iscritte nella organizzazione del pensiero, migliorando il successivo recupero delle conoscenze dalla memoria a lungo termine.

D.A. Wagner (1974) ha condotto ricerche sulle capacità mnemoniche, sia in Messico che in Marocco. In questa seconda sede costituì un campione di 384 maschi di età fra i 7 e i 19 anni, scolarizzati e abitanti in campagna o in città. A questo gruppo furono aggiunti alunni delle scuole coraniche, nonché venditori di tappeti. Un primo dato fu ricavato dalla osservazione del recupero di informazioni a breve termine: risultò che quel recupero era relativamente invariante in tutti i soggetti del gruppo-campione: semmai si notava uno sviluppo della capacità con l'età, ma solo per soggetti scolarizzati. Wagner, anche in relazione alle sue ricerche, introdusse una distinzione fra "struttura" della memoria e processi di controllo dell'attività mnemonica (acquisizione strategie, quali il raggruppamento, la prova, il recupero). Ciò lo indusse a ipotizzare che "la struttura della memoria è universale, mentre i processi di controllo sono influenzati dalla cultura".

Come si è detto, Wagner prese in esame anche il comportamento di alunni delle scuole coraniche. Si sa che in queste scuole si promuove la formazione linguistica necessaria alla lettura del *Corano* nei suoi 114 "surah" (capitoli), completati dalla "sunna", cioè delle indicazioni sul comportamento prescritto dal Profeta. In quelle scuole l'esercizio intellettuale più significativo è la memorizzazione e la tecnica della recita del *Corano*. Diversamente dal diffuso convincimento che gli allievi delle scuole coraniche posseggano una memoria speciale, Wagner verificò che essi dimostravano una capacità mnemonica limitata e che facevano scarso uso di strategie della memoria.

5. Inferenza, ragionamento, stile cognitivo

Non pare superfluo convergere ancora una volta sull'obiettivo che con queste pagine ci riprometriamo di conseguire: quello di contribuire alla decifrazione delle complesse variabili che condizionano il rapporto educativo-scolastico con allievi immigrati. Si va ripetendo che i docenti debbono acquisire una adeguata conoscenza dei soggetti educandi per poter esercitare responsabilmente il compito educativo. Ciò vale nei riguardi sia degli alunni autoctoni, sia di quelli immigrati. In ambedue le situazioni soccorre la maturità professionale del docente, con l'avvertenza che, per l'educazione degli immigrati, si dovrà essere consapevoli che l'appartenenza a culture diverse da quella che al momento li accoglie, ha prodotto diversità che condizionano progettazione e attuazione di interventi educativi. Questo anche nell'ambito dei processi di conoscenza. Già si sono succintamente considerati il processo percettivo, quello di categorizzazione e di classificazione, quello di memorizzazione. Ora ci accingiamo a riflettere su possibili diversità che affiorino nella capacità di *inferenza* e nel *ragionamento* in appartenenti a culture diverse.

L'*inferenza* è ritenuta un modo di operare del pensiero, che muove da una o più proposizioni antecedenti per affermare una conclusione conseguente. Si mette sull'avviso che talvolta si qualifica come inferenza una semplice associazione di idee. Così, se scruto le nere nubi del cielo arrivo ad affermare che la pioggia sta per cadere: qui si è di fronte a una semplice aggregazione di elementi meteorologici, dei quali si ha già esperienza e che implicano il fenomeno della pioggia.

Altra è la natura della inferenza. È un processo che si basa, certo, su elementi di conoscenza antecedenti, ma tali elementi confluiscono in una combinazione *nuova* della quale si abbia specifica consapevolezza. In altri termini, con ciò che già si sa si costruiscono nuove conoscenze, delle quali si ha piena padronanza. Quindi l'inferenza si connota come attività del pensiero che attinge il nuovo muovendo dal già conosciuto. Pare allora giusto ritenere che l'inferenza sia base del ragionamento, il quale «oltre che mezzo di organizzazione, sistematizzazione e ordinamento, offre gli strumenti logici e procedurali essenziali per tutto il campo della "metacognizione", per poter operare al secondo livello sulle proprie operazioni mentali, mnemoniche, linguistiche» (C. Pontecorvo, M. Pontecorvo, 1986, p. 374).

La psicologia transculturale ha esplorato queste attività del pensiero con ricerche in culture diverse. Riferiamone solo dati che risultino utili ai docenti per progettare l'azione ducativa in situazione multiculturale. M. Cole e altri (1971), con adulti e bambini Kpelle in Liberia, hanno usato una cassetta oblunga, divisa in tre parti, ciascuna con una sua porta. Mediante una serie di azioni combinate si poteva conquistare un premio: la combinazione si fondava su due comportamenti, appresi l'uno indipendentemente dall'altro. I soggetti Kpelle, di tutte le età, incontrarono molte difficoltà. I soggetti non scolarizzati mostrarono chiari segni di disagio e paura. Altri premevano i pulsanti che si trovavano sui panel della cassetta e si sedevano attendendo lo sperimentatore per chiedere ulteriori informazioni. In sostanza, essi non sapevano dare inizio all'impresa. Ciò ha indotto a ritenere che le differenze culturali risiedano nel tipo di situazione iniziale, che dovrebbe consentire una giusta partenza per la soluzione del problema.

Liberatisi dalla tentazione di ritenere i Kpelle incapaci di fare semplici inferenze, i ricercatori hanno riproposto un analogo problema, ma questa volta strutturato sulla base di materiali familiari ai Kpelle. Questo esperimento aggiuntivo ha provato che quei soggetti, scolarizzati e no, «sono abbastanza abili a usare il ragionamento inferenziale, anche se solo quando si predispongono le appropriate condizioni» (*Idem*).

Quelli sono dati che confermano che i processi cognitivi, come tali, sono invarianti nelle diverse culture, ma che essi si modulano in base allo specifico contesto.

Nella ricerca condotta negli anni '30 in Uzbekistan e in Kirghizia nell'Asia centrale, Luria cercò convalida della ipotesi che «le persone nelle quali ha un ruolo preminente il rispecchiamento pratico, visivo-pratico della realtà, debbono differire dalle persone nelle quali prevalgono le forme di rispecchiamento astratto, logico-verbale della realtà, per un altro sistema di processi psichici». Egli poneva, per esempio, questo sillogismo: «Nel nord, dove c'è neve tutto l'anno, gli orsi sono bianchi; Novaya Zemlya si trova nel lontano nord. Che colore hanno là gli orsi?». Di solito i contadini analfabeti rispondevano con simili osservazioni: «Come potremmo sapere di che colore sono là gli orsi: noi non siamo mai stati in Novaya Zemlya. Chiedetelo alle persone che sono state là e che hanno visto quegli animali!». Nota Luria che quei contadini vivono un processo concreto di ragionamento (Luria, 1976, p. 39).

Rilevazioni analoghe hanno dovuto fare i ricercatori che, mezzo secolo dopo l'esperienza di Luria, hanno utilizzato il ragionamento sillogistico con popolazioni della Liberia e del Messico: la performance dei soggetti analfabeti non si diversificava da quella dei contadini contattati da Luria. Ci si è allora posta la domanda se gli analfabeti manchino della capacità di ragionamento logico; ovvero se quei soggetti non applichino le loro abilità logiche a esperienze con materiale verbale. Da una ricerca condotta con i Kpelle in Liberia da S. Scribner (in R.D. Feedle, 1979, p. 20) risulta chiaramente che «il ragionamento deriva logicamente dalla prova usata dal soggetto, piuttosto che dalla prova fornita dal problema sperimentale». Lo stesso Scribner fornisce alcuni esempi.

Viene proposto questo sillogismo: «Tutte le donne che vivono in Monrovia sono sposate; Kemu non è maritata; Essa vive in Monrovia?». La risposta è sì, perché, si dice, «Monrovia non è una città per ogni tipo di persone; così Kemu è venuta a vivere qui». È evidente che la risposta prescinde dalla prima premessa del sillogismo.

Ancora. Si chiede: «Tutte le persone proprietarie di una casa pagano una tassa; Boima non paga quella tassa; è essa proprietaria di una casa?». Si risponde dicendo che Boima ha una casa, ma non paga la tassa perché il governo gli ha affidato la riscossione di quella tassa. Qui è chiaro che il soggetto interrogato è dominato dalla esperienza di Boima, che ha una casa, ma non paga la tassa. Scribner deduce da ciò che i soggetti analfabeti attivano il loro ragionamento basandosi sul fatto, sulla opinione, sul personale convincimento. Quindi, l'esperienza personale è usata come criterio di accettazione o di rifiuto di una particolare informazione. Tuttavia, va sottolineato che questo modo empirico di ragionare non significa incapacità di ragionamento logico: quello è il rifiuto di impegno in un compito di ragionamento, dal momento che esso propone, appunto nella sua enunciazione, problemi incomprensibili e, quindi, senza risposta (*Idem*).

Brevi considerazioni sullo *stile cognitivo*: lo si considera come la indicazione delle caratteristiche individuali nei processi cognitivi, cioè le diverse modalità di approccio a un problema, le strategie di utilizzazione delle informazioni, di categorizzazione, di memorizzazione, ecc.» (P. Boscolo, in C. Pontecorvo, 1981, p. 216). Negli studi della psicologia transculturale l'approccio allo stile cognitivo prende avvio dal tentativo di capire come particolari "performances" cognitive possano risultare importanti in specifici contesti ecologici e culturali.

Non è dubbio che peculiari pratiche culturali stimolino alla assunzione di certe "performances" cognitive, allo scopo di incrementare la capacità di assumere uno stile cognitivo, inteso come atteggiamento personale nei confronti dell'ambiente.

Parte Seconda

LA FORMULAZIONE E L'ATTUAZIONE DEL PROGETTO EDUCATIVO INTERCULTURALE

Capitolo Quinto

MODALITÀ DELLA PROGETTAZIONE

Quanto riportato particolarmente negli ultimi due capitoli che precedono è un contributo conoscitivo (sia pure costretto in termini indicativi) al compito progettuale degli insegnanti che debbono gestire educativamente una situazione scolastica nella quale sono presenti soggetti portatori di "diversità" etniche e culturali. Particolarmente i dati relativi ai peculiari modi di conoscere nelle diverse culture dovrebbero rappresentare criteri orientativi della progettazione, sia sul piano curricolare che su quello metodologico.

Ciò giustifica la procedura che seguirà nell'analisi delle fasi della progettazione: l'esigenza metodologica del progettare sarà costantemente integrata col riferimento ai modi del conoscere e del ragionare propri delle culture degli immigrati che sono ospiti della scuola. Naturalmente questo aggancio all'originaria matrice culturale dovrà essere declinato dagli insegnanti, ai quali spetta rilevare come ciascuno di quei soggetti ha recepito modelli di comportamento, valori, atteggiamenti conoscitivi propri del contesto culturale e sociale di provenienza.

Brevi riflessioni sono già state proposte relativamente al significato e al ruolo della progettazione. Qui dobbiamo delinearne i peculiari aspetti situazionali. Il carattere prognostico del progettare (ossia, prospettare ipotesi di soluzioni dei problemi educativi) è ben rilevabile nei tre momenti che lo temporalizzano. Sono: il tempo della formulazione (*design*), quello della realizzazione (*implimentation*), quello della valutazione (*quality control*). Gli operatori di educazione sanno bene che quelli sono "tempi" cui dover dare attenzione specifica in quanto il momento della formulazione si concreta in un atto di previsione desumibile dalla identificazione dello *scopo*, nonché dalla rilevazione di variabili e della loro interazione; il momento della realizzazione prende corpo nella attuazione di interventi educativo-didattici definiti sulla base degli obiettivi progettati; il terzo momento si configura come prova della validità della ipotesi disegnata con la progettazione. Sono tre momenti inestricabilmente interrelati: tuttavia, vanno pensati anche in relazione alle procedure tramite le quali si costituiscono.

1. Finalità e obiettivi del progetto educativo interculturale

Ricordava Jules Poincaré che «la scienza si costruisce coi fatti, come una casa si costruisce con le pietre; ma un accumulo di fatti non è scienza più di quanto un mucchio di pietre sia una casa». Cosa manca perché quel mucchio di pietre sia una casa? Abbisogna un progetto, all'interno del quale le pietre e altro materiale acquistino una collocazione e una funzione relativamente all'idea specificata nel progetto. Fuori di metafora, venire a conoscere tratti della personalità, stile cognitivo, comportamenti relazionali, emotivo-affettivi, ecc. di ogni allievo della scuola può risultare impegno sterile, ove tali conoscenze non vengano ricondotte all'idea formativa iscritta nel progetto educativo, quella capace di delineare finalità e obiettivi dell'opera di educazione.

Chiaro che questa è una modalità applicabile in genere a ogni situazione educativa; ma qui il *progetto* si qualifica come *interculturale*, e ciò implica connotazioni particolari. Intanto, la situazione multiculturale è compresenza di culture diverse in un dato ambito: ora, l'educazione interculturale si protende certo alla formazione di ciascuno degli allievi, qualunque sia la loro origine etnica, ma ciò farà nel rispetto delle diverse culture. In secondo luogo, il progetto educativo interculturale si attua in una situazione scolastica ove gli autoctoni, rispetto agli immigrati, sembrano trovarsi in una situazione privilegiata perché la cultura dell'ambiente è quella che li ha sostenuti nella crescita umana. Parrebbe allora di dovere formulare una distinta partizione del progetto educativo, quella degli autoctoni e quella riferibile alle esigenze educative peculiari degli immigrati. Sicuramente tale prassi educativa tradirebbe gli scopi dell'educazione interculturale, perché sfocerebbe al processo di assimilazione integrale degli immigrati alla cultura del paese di accoglienza.

Si tratta di «coinvolgere tutti gli allievi in progetti pedagogici globali volti al rispetto delle differenze e dei corrispettivi punti di vista in base a un processo di ricerca, conoscenza e frequentazione/scambio/dialogo. Ciò induce i sistemi scolastici a lasciarsi alle spalle l'ottica etnocentrica, per assumere una visione più ampia, dinamica e aperta agli orizzonti della multiculturalità» (in F. Poletti, a cura di, 1992, p. XIV). In questa mutazione sono coinvolti i contenuti curricolari, le strategie e i metodi di insegnamento, perché mutano le coordinate culturali. Un riferimento paradigmatico può essere quello relativo ai contenuti dell'insegnamento storico: la condizione multiculturale altera l'equilibrio della scuola cui affluiscono solo allievi autoctoni, nella quale il quadro delle conoscenze storiche ha una delineata configurazione che, di regola, si esaurisce nel tessuto di una civiltà, quella delle società occidentali. Dovremmo assumere il criterio che ispirava, ad esempio, l'istruzione storica che si impartiva, in periodo coloniale, ai "bambini africani francofoni, i quali venivano a sapere durante le ore di storia che i loro antenati erano i Galli?" (Cheik Tidiane, in G. Tassinari, 1992). Considereremo più avanti questi problemi di ristrutturazione curricolare e di reimpostazione della prassi educativa.

Prevale qui l'interesse per la finalità primaria della educazione interculturale. Scrive Lévi-Strauss che l'uomo è un "animale culturale", cioè sintesi di *natura* e *cultura* (C. Lévi-Strauss, 1966). Pare di dover precisare che la natura dell'uomo trova fondamento in una essenza ontologica: ciò delimita struttura e ruolo della cultura, che è insieme prodotto della attività di pensiero e di coscienza dell'essere umano e strumento di stimolazione e attivazione di quel pensiero e di quella coscienza medesimi. In questa prospettiva concezionale si configura il concetto di *persona*. Osserva Maritain che «l'uomo non è soltanto un animale di natura come l'allodola o l'orso. È anche un animale di cultura, la cui specie può sussistere solo con lo sviluppo della società e della civiltà». Tuttavia, aggiunge Maritain, che nella «profondità del suo essere l'uomo è piuttosto un tutto che una parte, è più indipendente che servo» (J. Maritain, 1950, p. 12). Quindi, la persona trama la sua esistenza nel tessuto della società e della civiltà, ma è irriducibile ad esse, così come non è esauribile nella "natura".

Questo è un motivo che imprime una chiara connotazione all'educazione interculturale, obiettivo precipuo della quale è individuare e recuperare il complesso di potenzialità che consentono a ogni essere umano, qualsiasi sia la sua appartenenza etnica e culturale, di crescere come persona che nel tessuto della società attiva relazioni di reciprocità con l' "altro". In tale dimensione trova legittimazione il richiamo alla formazione della "persona", come finalità precipua dell'educazione interculturale. Ciò è rilevante in prospettiva educativo-didattica. Poiché in tal caso la "persona" non è interamente deducibile dalla esperienza, è da dire che le diverse culture modulano ma non determinano l'essenza del soggetto umano. Quindi la educazione interculturale promuove «quella ri-produzione, o meglio ri-generazione di cultura che consenta l'affermazione pratica di un valore universale (il valore di *persona*)» (M. Manno, 1991).

Si sa che questa concezione che postula fondamenti universali per le dinamiche di formazione della persona non è condivisa da quanti, in nome della negazione di ogni traccia di etnocentrismo, intendono conoscere e capire gli individui nel proprio contesto, senza presupporre "a priori" di nessuna specie. Si afferma, ad esempio, che è l'esistenza che dà «un senso all'essere, in quanto essa non trova altri termini di confronto al di fuori di sé se non i valori o disvalori che altre esistenze hanno costruito nell'arco della successione temporale e nelle diverse collocazioni spaziali e che essa torna incessantemente a ripetere, modificare, correggere» (D. Demetrio, M. Cacceva, 1993, p. 124). In altri termini, il relativismo culturale di cui lì si fa fede è radicale e non tollera ricorsi a "universali" (eccetto che per alcuni di natura biologica) che consentano di utilizzare la comparabilità delle culture e, quindi, facilitino i progetti che vengono formulati relativamente a situazioni educative scolastiche alle quali partecipano soggetti immigrati.

Nella situazione multiculturale educare la "persona", oltre che funzione prima dell'educazione, risulta condizione di innumeri opportunità per promuovere dialogo e confronto su valori, esperienze, conoscenze fra appartenenti a culture diverse e, di conseguenza, di occasione di reali arricchimenti personali, pur nella salvaguardia delle diversità.

Individuata la finalità della educazione interculturale, possiamo avanzare brevi considerazioni su obiettivi preminenti che debbono presiedere la formulazione del progetto educativo. Un *primo* obiettivo può essere così enunciato: *salvaguardare l'identità personale in una situazione ove sono compresenti molteplici orizzonti culturali*. Qui si deve precisare che la nozione di identità va ricercata nei dinamismi della personalità che è costantemente protesa al confronto con la realtà nell'impegno di conferire significati ai fenomeni e agli eventi. In tal caso salvaguardare l'identità personale equivale a garantire sia l'unità psicologica, sia il principio attivo che opera da propulsore verso esperienze nuove. In altri termini, l'allievo, anche quello immigrato, deve trovare nella educazione interculturale sincero rispetto delle sue originarie esperienze culturali, ma nello stesso tempo deve ricevere sollecitazioni a riflettere anche su quelle esperienze per meglio interpretarle nel ripetuto confronto con altre culture.

Questo obiettivo può essere ricusato tramite due opposti tipi di comportamento. Cesari osserva che "il bisogno di conformità, fortemente predominante nell'infanzia, porterà il bambino straniero a nascondere, a negare le proprie caratteristiche originali. Se è bilingue, tenderà a non voler più usare, nei momenti in cui tale bisogno si manifesta in modo preponderante, la lingua che lo fa riconoscere come straniero" (V. Cesari, in Poletti F., *op. cit.*, p. 103). Sull'altro versante si manifesta invece «il bisogno di non integrarsi pienamente se non valorizzando il mondo di origine». È problema che viene indicato come "sindrome della conoscenza proibita": si rende evidente come ritrosia o addirittura rifiuto della cultura dell'ambiente di accoglienza. In entrambi i casi, l'identità culturale viene a essere risolta o nella cultura di origine o in quella di accoglienza, facendo naufragare l'impegno di una educazione interculturale volta a promuovere una convivenza fra culture diverse (G. Vico, 1991).

In tale prospettiva si richiede l'implicito rifiuto di concezioni con le quali si intenda assimilare integralmente gli stili culturali dei soggetti immigrati alla cultura della società di accoglienza. E ciò potrebbe risultare valida garanzia, perché il dialogo e il confronto non abbiano a essere vissuti come occasioni di conflitti e frustrazioni. Non è pensabile che nella scuola si possa determinare quella condizione in modo spontaneo: è sempre in agguato la tensione etnocentrica, che può essere fonte di crescente disagio degli immigrati che avvertono il diniego al riconoscimento dei valori culturali di cui sono portatori. Questo conferma che l'educazione interculturale è esperibile nella misura in cui struttura e organizzazione della scuola si adegua alle nuove esigenze educative che richiedono non solo rispetto delle "diversità", bensì anche promozione di quelle medesime "diversità". Infatti va promossa non soltanto la disponibilità al riconoscimento delle differenze, bensì anche la "transitività (o, mobilità) cognitiva" (D. Demetrio, G. Cacceva, 1992, p. 15). Ciò è il presupposto per una convivenza nella quale il "diverso" si rende capace di affinare la sua identità culturale nel confronto continuo con l' "altro".

Identifichiamo un *secondo obiettivo* della educazione interculturale nella *promozione di atteggiamenti di reciprocità* nei soggetti educandi. Non a caso si parla di "promozione", intendendo con ciò un impegno deliberato dell'educatore. Riferendo particolarmente sui comportamenti di individui appartenenti a culture africane, il già ricordato J. Eibl-Eibesfeldt (*op. cit.*, p. 380) pone in evidenza come e in che misura l'individuo apprende dal suo ambiente sociale. Osserva Eibl-Eibesfeldt che costui impara a controllare i propri impulsi egoistici, a contenere gli impulsi di aggressività, a tenere in considerazione gli altri, limitando con ciò il soddisfacimento dei personali bisogni e desideri. Questa tipologia di apprendimenti può essere interpretata quale fattore di precostituzione di quella *reciprocità* della quale qui si vogliono delineare i connotati?

C'è un motivo che fa immediatamente affiorare un diniego. Nella situazione riferita da Eibl-Eibesfeldt, quei comportamenti appresi sono risolubili nella esigenza di adattamento al contesto sociale; inoltre, la tendenza adattiva è implicitamente conformizzante. Nessuno di questi tratti può contrassegnare la nozione di *reciprocità*, che trova significato nella condizione multiculturale, nella quale più culture si affiancano e gli individui possono essere tentati dal bisogno di affermare la loro appartenenza culturale come segno distintivo di superiorità, esercitando pertanto condizionamenti su quanti sono portatori di culture differenti.

In questa condizione multiculturale «al termine *cultura* va restituito il suo pieno significato di totalità che comprende stili di vita, valori e rappresentazioni simboliche che gli esseri umani usano come schema di riferimento nelle loro relazioni con i membri del proprio gruppo e con i membri degli altri gruppi, nella propria percezione del mondo, nel riconoscimento del proprio valore e della propria diversità» (M. Callari Galli, in F. Poletti, *op. cit.*, p. 31). Con ciò l'atteggiamento di *reciprocità* comincia a delinearsi. Ma, poiché abbiamo interesse all'azione della istituzione educativa che vuol promuovere tale atteggiamento è opportuno individuare la condizione psicologica del soggetto, appunto dell'immigrato, che è coinvolto in una duplice dimensione culturale, quella d'origine e quella di accoglienza. Egli partecipa alle due culture, e non può essere altrimenti; non solo, tale partecipazione vive sui ritmi della modificazione che reciprocamente ciascuna cultura opera all'interno dell'altra. Per fortuna il soggetto è capace di metabolizzare quelle incidenze modificative; per cui in lui si viene producendo una disponibilità a utilizzare l'uno e l'altro apporto culturale, evitando stress psicologici e frustrazioni.

Senza estendere ulteriormente il discorso, quell'atteggiamento di disponibilità può risultare terreno fecondo per far germinare l'atteggiamento di reciprocità. Atteggiamento per il quale occorrerà mobilitare il *sentimento di fiducia*. Anzitutto, fiducia in sé. La condizione dell'immigrato, lo si sa, è propizia alla tendenza alla negazione di stima verso di sé. La scuola non può mancare di porsi come sede di accettazione e valorizzazione delle personali risorse psicologiche e culturali. In questo tramite, la crescente fiducia in sé si accompagnerà alla fiducia verso quanti gravitano nell'ambiente educativo.

Si può dire di aver posto le premesse per dare salda fondazione all'atteggiamento di reciprocità. In effetti, sia gli allievi immigrati che quelli autoctoni, non possono non avvertire che, al di là delle sollecitazioni etnocentriche, c'è l'incontro e il confronto fra esseri umani e che insieme si possono attingere reali arricchimenti, non solo e non tanto sul piano meramente ricognitivo dei distinti comportamenti, quanto sul piano delle più profonde istanze di umanità. Tutto ciò prova che convivere con le "diversità", anziché condizione propizia a conflitti e frustrazioni, può e deve divenire occasione di reale crescita umana. Naturalmente si dovranno curare la progressività e la interiorizzazione dei motivi che sostanziano l'atteggiamento di reciprocità. Basti ricordare che la capacità di "decentrarsi" è il presupposto per l'affermarsi di quell'atteggiamento. Utilizzerei il concetto rogersiano di *empatia* per qualificare quel decentramento. Concetto che si articola su due componenti comportamentali: l'accettazione e la comprensione. Ci interessa appunto il significato che Rogers attribuisce a *comprensione*. Dice: «Il tipo di comprensione che in genere offriamo o riceviamo è una comprensione che valuta dall'esterno (...); tendiamo a vedere il mondo dell'altra persona soltanto dal nostro punto di vista, non dal suo, lo analizziamo e lo valutiamo ma non lo capiamo» (C.R. Rogers, 1951). Per capire l'altro occorre sentire il suo mondo come se fosse il nostro: ciò aprirà i rapporti e i confronti a una genuina reciprocità.

Concentriamo il nostro interesse su un *terzo obiettivo* della educazione interculturale. Individuiamolo nella *capacità di condividere valori e ideali*. Per delineare il significato di questo obiettivo e per prospettare le possibili strategie educative dirette a motivare la padronanza di tale obiettivo da parte degli allievi (di tutti gli allievi, autoctoni e immigrati), si dovrà dare convincente risposta a una domanda di questo tipo: le diversità culturali, delle quali si deve aver rispetto, rendono possibile una funzionale condivisione di valori e ideali?

Muoviamo, con C. Taylor (1992, p. 102), da una "presunzione": quella per la quale "per tutti abbia valore la loro cultura tradizionale". È una tesi presuntiva che avalla un riconoscimento di eguale valore per ciascuna delle culture: c'è un plausibile fondamento a tale tesi? Taylor riconosce che la presunzione dell'eguale valore delle varie culture può avere motivazione religiosa. Rockefeller chiarisce: «Gli argomenti usati nelle democrazie occidentali per definire la nozione di uguale dignità riflettono ancora oggi l'antica idea, biblica e greca classica, che nella persona umana ci sia qualcosa di sacro» (S.C. Rockefeller, in C. Taylor, *op. cit.*, p. 129). Ma Taylor cerca la risposta nel puramente umano. Dice che "è ragionevole supporre che quelle culture che hanno dato un orizzonte di significato a un gran numero di esseri umani (...) possiedano quasi certamente qualcosa che merita da parte nostra ammirazione e rispetto".

Questo riconoscimento non può, però, assumere valenza assoluta: lo stesso Taylor osserva che di quei contesti culturali non si possono non rilevare le manifestazioni ricusabili. Giustamente si afferma che «il relativismo culturale per non essere vuoto e immorale deve trovare un proprio limite nel giudizio negativo riservato alle società la cui cultura non rispetti gli elementi costitutivi della natura dell'uomo, quelli fondanti la sua *umanità*» (I. Signorini, 1992, p. 46).

Già questi richiami consentono, in qualche misura, di operare una distinzione nei riguardi delle manifestazioni delle diverse culture; e ciò può facilitare la ricognizione di quegli elementi che, sottesi alla natura "umana", possano essere assunti come valori e ideali condivisibili. In questa direzione si sono orientati anche i lavori di un gruppo di studio costituito congiuntamente dall'UNESCO e dal consiglio internazionale della filosofia e delle scienze umane nel 1978. Fra l'altro fu posto in evidenza anche il problema dei valori e si auspicò la ricerca dei valori fondamentali, attraverso la diversità delle culture, espressioni o supporti dell'unità. Va ricordata anche la Dichiarazione universale dei diritti dell'uomo (1948), che Bobbio interpreta come «certezza storica che l'umanità, tutta l'umanità, condivide alcuni valori e possiamo finalmente credere alla universalità dei valori nel solo senso in cui tale credenza è storicamente legittima; cioè, nel senso in cui universale significa non dato oggettivamente ma soggettivamente accolto dall'universo degli uomini» (N. Bobbio, 1990, p. 21).

Quanto fin qui considerato, sia pure in termini di indicatività, dà modo di riflettere su un quadro di motivi che dovrebbero consentire la delineazione, nella situazione multiculturale, delle strategie utili a favorire in tutti gli allievi l'acquisizione della capacità di condivisione di valori. Emerge in prima istanza la complessità della società multiculturale: ciò induce a cercare nell'incontro e nel dialogo gli stimoli alla fondazione di un nuovo atteggiamento nei confronti di valori e di ideali.

Osserva Galli che ci si dovrà disporre a incontrare gli "altri", apprendendo, in sostanza, «atteggiamenti nuovi, ispirati più che a sistemi gerarchicamente costituiti, a valori condivisi, come tolleranza, solidarietà, accoglienza, libertà, giustizia, pace» (N. Galli, 1991). Banks, argomentando di educazione multietnica, nota che «valori come giustizia eguaglianza e dignità umana» dovrebbero rappresentare norme cui conformarsi. E aggiunge che tali «valori dovrebbero porsi come fattori unificanti della cultura cui si richiede il mantenimento e la promozione della coesione sociale» (J.A. Banks, p. 124).

M. T. Moscato (1993), riferendo sulle forme di *topic work,* quale approccio unificante nelle situazioni multiculturali, osserva: «La fecondità di questo approccio consiste nella possibilità di valorizzare le differenze, relativizzare i contenuti e le indicazioni di ogni socio-cultura, ma permettendo contemporaneamente la percezione (o, almeno la intuizione) di elementi funzionali costanti e ricorrenti. Insomma, adolescenti e fanciulli devono poter riconoscere permanenze universali al di là delle infinite differenziazioni manifeste, perché questo li aiuta ad ipotizzare un possibile orizzonte futuro comune coi coetanei di altra etnia e religione, e quindi li rassicura. Non si possono infatti attraversare le differenze culturali senza nemmeno un'ipotesi di identità comune».

Moscato cita un'esperienza di insegnanti italiani con allievi tunisini preadolescenti: un «topic work sull'amicizia e le sue manifestazioni, confrontando le culture occidentali e quelle arabe, si era rivelato utilissimo e stimolante. Aveva migliorato il clima relazionale e aveva permesso il passaggio alla trattazione di argomenti più delicati come le differenze teologiche fra le due religioni». Questo pare un itinerario educativo-didattico da non misconoscere. In sostanza, tal genere di approccio non aliena la diversità, ma all'interno di ciascuna diversità pone in evidenza elementi che possono essere intuiti e compresi nella loro sostanzialità di valori che sono pertinenti l' "umanità" di ciascun soggetto a qualsiasi etnia e cultura egli appartenga.

2. La conoscenza degli allievi

Il *design*, o fase formulativa del progetto educativo interculturale, implica, come si è visto, la determinazione delle finalità e degli obiettivi da conseguire. Con ciò si sono precostituite le basi per l'azione educativa, ma non se ne sono delineate le prospettive concrete di attuazione. È chiaro che quella azione educativa può essere preventivata solo allorché la si trama in un contesto: in sostanza, tale azione va *situata*. Questa operazione discopre una realtà che si configura in termini ecologici, in caratteri culturali, in dimensioni sociali: attori di quella realtà sono i soggetti umani, che interagiscono con l'ambiente, che producono significati, categorizzano, concettualizzano, che organizzano i sistemi della loro convivenza.

In tale contesto si collocano anche i soggetti che interagiscono nella esperienza educativo-scolastica. Essi sono facilmente individuabili: i bambini, i preadolescenti, gli adolescenti che assumono il ruolo di allievi, i docenti carichi di autorità culturale e morale, i soggetti diversi dell'ambiente extrascolastico e, in primo luogo, i familiari degli allievi. C'è un criterio ordinativo da far emergere da tale contesto: le variabili rilevate non vi si collocano alla stregua di canne d'organo, bensì vi sono in condizione di continua interazione che si manifesta nella reciprocità di incidenze modificative. Ciò consente a Bronfenbrenner di notare che il soggetto umano «non è una tabula rasa che l'ambiente plasma: è una entità dinamica che cresce e si muove all'interno del *milieu* in cui risiede e lo ristruttura» (U. Brofenbrenner, 1986, p. 55).

Chiaro allora che la possibilità di impostare e realizzare una efficace azione educativa dipende anche, in buona misura, dalla conoscenza che si deve acquistare dell'ambiente all'interno del quale si esercita il mandato educativo. Ciò esige che: 1) i comportamenti dei soggetti da conoscere vadano esplorati nel tessuto delle dinamiche interattive che correlano gli individui fra loro, in uno col rapporto con l'ambiente naturale. La conoscenza di un immigrato, ad esempio, risulterà parziale e sterile nei riguardi della impostazione educativo-didattica, se si limita a rilevare i comportamenti che sono riconducibili alla cultura di origine. Infatti, costui già dopo pochissimo tempo di permanenza nel nostro Paese, si fa capace di attivare relazioni e confronti con gli autoctoni e ciò modifica in maniera non irrilevante i suoi comportamenti; 2) fra i soggetti da conoscere, i docenti debbono annoverare anche se medesimi. Ciò è evento normale in situazione non multiculturale: un insegnante conscio della sua responsabilità, nella prefigurazione e nella conduzione dell'attività educativa terrà in debito conto le sue caratteristiche temperamentali, i caratteri del suo stile di insegnamento, il grado di disponibilità al rapporto educativo coi giovani. Si vedrà più avanti che questo impegno conoscitivo si farà più consistente quando si dovranno conoscere le caratteristiche personali di allievi immigrati.

Non è questa la sede per avviare una compiuta ricognizione delle strategie da porre in atto per conseguire quelle conoscenze. Ricordiamo solo che la strategia della *osservazione* — spontanea e sistematica — pare essenziale a questo scopo, avendo peraltro chiaro che "la comprensione dello sviluppo umano richiede di più che non l'osservazione diretta del comportamento di una o due persone che condividono lo stesso luogo; essa richiede l'analisi di sistemi di interazione composti da più persone, che non va limitata a un unico contesto e che deve tener conto di aspetti dell'ambiente che vanno al di là della situazione immediata di cui il soggetto fa parte» (*Idem*, p. 54).

Questa sollecitazione torna utile nella situazione scolastica multiculturale, perché si deve evitare la risoluzione del problema conoscitivo *hic et nunc*: non basta rilevare comportamenti, occorre individuarne le motivazioni, se ci si dovrà avvalere dei dati raccolti per impostare e realizzare un'azione educativo-didattica. Inoltre, non sarà sufficiente prendere in considerazione gli allievi portatori di culture "diverse": il contesto è più complesso e coinvolge anche i soggetti non qualificabili come immigrati. Tenendo ben fermo che l'educazione interculturale ha come scopo la formazione di soggetti che, se pure "diversi" per identità culturale, debbono acquisire disponibilità e capacità di convivenza, non si può mancare di prestare attenzione anche ai comportamenti che gli autoctoni manifestano nella situazione multiculturale. Oltretutto ciò darà modo di prospettare strategie di azione educativa meglio rispondenti alla effettiva situazione dei rapporti nella scuola e motiverà i docenti a valutare i significati della loro attività di educazione in ordine alle finalità e agli obiettivi della educazione interculturale.

Avanziamo allora solo alcune considerazioni orientative relativamente ai comportamenti degli alunni autoctoni. Si possono notare atteggiamenti diversi che vanno dal conscio o inconscio rifiuto del "diverso" a tendenze oblative, che sono manifestazione di un certo tipo di accoglienza dell'immigrato, ma che generalmente non implicano l'accettazione di costui e dei modelli culturali di cui è portatore. Sono modi di comportamento che non facilitano l'attività di educazione, appunto perché, espliciti o impliciti, resistono sentimenti di rifiuto a salvaguardia di convincimenti etnocentrici che interpretano le manifestazioni di culture "altre" come *primitive*.

Per condurre iniziative educative efficaci pare necessario enucleare le motivazioni che sottendono tali atteggiamenti degli autoctoni. Si individueranno certo pregiudizi radicali e, sovente, non aggredibili con argomentazioni che facciano perno sulla dignità della "persona", indipendentemente dall'etnia e dalla razza. Sono pregiudizi assimilati nella famiglia e nella società di appartenenza e, perciò, fanciullo e adolescente si sentono in diritto di manifestarli senza riserva. E sono pregiudizi che si alimentano a ragione di fenomeni ed eventi, quali il bisogno di lavoro e della casa, che continuano a inquinare la convivenza nella realtà sociale di oggi.

Indubbiamente i docenti debbono approfondire le motivazioni che animano gli atteggiamenti di diffidenza, di ricusazione, di negazione che, non di rado, gli autoctoni manifestano nei confronti degli immigrati. Sono atteggiamenti accesi e incentivati nell'ambiente familiare? Non vi si provvede certo con la riprovazione diretta dei comportamenti dei familiari: si può rischiare di attizzare un conflitto scuola-famiglia, con ripercussioni non indifferenti sui rapporti che il figlio/allievo intrattiene con gli immigrati. Se la pressione motivazionale è precipuamente originata all'interno della società (ove espressioni politiche, messaggi dei mass-media, ecc. creano e consolidano modelli culturali etnocentrici e razzisti), risulterà assai più complessa l'opera di apertura alla convivenza coi "diversi". È comunque irricusabile, in ambedue i casi, una progrediente consapevolezza che animi i docenti a progettare azioni didattiche che, con gradualità ma con continuità, portino gli allievi a riflettere sulle ragioni che postulano non tanto la tolleranza, quanto la reciproca accettazione fra autoctoni e immigrati.

Approderemo più avanti alla rilevazione delle modalità educativo-didattiche che sospingano la comunità multiculturale verso quello scopo. L'interesse va ora al compito di conoscenza dei soggetti immigrati: compito (conviene ancora ricordarlo) che i docenti esplicheranno tenendo sempre ben presente la situazione scolastica. Si vuol dire che la scuola ha un ruolo educativo, quindi deve esercitare un'azione che si dirige a produrre negli educandi — autoctoni e immigrati — cambiamenti nella personalità.

La procedura per condurre tale ricognizione si delinea in questi termini: se la responsabilità ricognitiva è del docente, occorre pregiudizialmente che costui valuti obiettivamente quali sono le rappresentazioni che egli si fa degli allievi di altre culture. In secondo luogo, debbono essere poste in evidenza le condizioni che segnalano la personalità di ogni allievo immigrato; in altre parole, recepire l'identità culturale, le condizioni socio-economiche di origine, il livello di arricchimento culturale, ecc. In terzo luogo, la osservazione e la riflessione andranno dirette all'immigrato come soggetto che già vive esperienze di inserimento nella nostra società. La riflessione sui dati raccolti favorirà una interpretazione della personalità dell'immigrato utile a impostare interventi educativi adeguati al bisogno.

Affrontiamo un breve esame di ciascuno di questi momenti procedurali. Il primo pone un problema di carattere autoreferenziale: il docente prima di formulare piani educativi deve chiedersi se la cultura di cui è portatore fronteggia le altre culture e, quindi, può accendere difficoltà nel tempo dell'azione educativa e di istruzione. Giustamente osserva J.A. Banks (*op. cit.*, p. 237) che «gli insegnanti sono esseri umani che portano le loro prospettive culturali, i loro valori, le loro speranze, i loro sogni nella scuola. Essi vi portano anche i loro pregiudizi e i loro stereotipi.Quei valori e quelle prospettive mediano e interagiscono con ciò che i docenti insegnano e condizionano i modi coi quali gli allievi percepiscono i messaggi». Stante questa condizione, si suggeriscono tre quesiti cui i docenti dovrebbero dare risposte sincere. Questi i quesiti: «a) Come mi sto rappresentando l'altro, e perché gli attribuisco queste caratteristiche e questi significati?

b) Quanto di personale ed etnocentrico c'è nelle mie interpretazioni (nelle paure, nei pregiudizi, nei modi di interagire)? c) Quale strategia posso assegnarmi per far capire all'altro che lo ritengo un mio simile ma, nel contempo, gli riconosco il diritto di essere dissimile e di manifestarsi come tale?» (D. Demetrio, G. Favaro, *op. cit.*, p. 8).

Le risposte dovrebbero far prendere coscienza dei pregiudizi che, consapevolmente o meno, si fanno oggetto di nostri comportamenti nel rapporto con gli immigrati. Si è fatto ripetutamente riferimento al razzismo e all'etnocentrismo: aggiungiamo l'asservimento all'immaginario collettivo, per il quale, ad esempio, il soggetto africano viene recepito come un primitivo, e perciò portatore di una identità culturale non assimilabile a quella pertinente la nostra società. È giocoforza che si sia indotti a qualificare l'immigrato come un soggetto "strano", immaturo sul piano culturale, vincolato a tradizioni che lo estraniano dal tessuto conoscitivo e sociale della società di accoglienza. Inevitabilmente, questi radicati pregiudizi non risultano propizi a intrattenere rapporti efficaci con quei soggetti: i motivi ispiratori dell'educazione interculturale non potranno essere corrisposti per mancanza di punti di approccio tramite i quali attivare interazioni via, via più proficue.

A questo punto ci si può domandare: i docenti debbono rinunciare alle concezioni che danno senso ai loro comportamenti? Se quanto raccomandato fin qui ha un significato, la risposta non può essere che negativa. L'obiettivo che si persegue con l'educazione interculturale, ripetiamolo ancora, è l'acquisizione della capacità di convivenza col "diverso" non alienando la propria identità. Quindi la risposta alle tre domande poste sopra dovrà ispirarsi al rifiuto di pregiudizi al fine di guadagnare atteggiamenti pedagogici che sostanzialmente accolgano le manifestazioni di culture "altre" e consentano perciò di attivare aperti confronti sui modelli culturali diversi. In questa dimensione relazionale, non tanto si salvaguarderanno le identità culturali, quanto le arricchiremo con l'approfondimento continuo della esperienza.

Il carattere empatico di tale rapporto del docente con i soggetti immigrati si accompagna ovviamente a peculiari atteggiamenti relazionali, individuabili negli specifici contesti. Emerge l'atteggiamento di ascolto, quale opportunità di cogliere le motivazioni e i significati dei modi di essere che gli immigrati manifestano. Un ascolto che deve indurre non tanto a percepire, quanto a comprendere le istanze dei "diversi": ciò richiede flessibilità mentale e disponibilità a attingere fonti qualificate per l'assunzione di criteri di interpretazione di tali istanze.

Il secondo momento procedurale si impernia sulla identificazione dei tratti della personalità di ciascuno degli immigrati. Assumiamo tre indicatori di riferimento per rilevare in modo organico quei tratti: quello relativo alla identità, quello di appartenenza a uno status socio-economico, quello concernente il grado di culturalizzazione. Naturalmente gli elementi di conoscenza che saranno raccolti troveranno pertinente interpretazione se ricondotti alla unità della persona.

L'immigrato lo si identifica primariamente a ragione della sua *identità culturale*: il cinese, il filippino, il marocchino, ecc. sono oggetto di attenzione anzitutto per le caratteristiche di personalità che si rintracciano analoghe nei soggetti di una medesima cultura. È opportuno che i docenti esplorino quella identità che si manifesta come condivisione di modelli di comportamento. Tuttavia, tale riconoscimento risulterà manchevole perché l'*identità culturale* non esaurisce il significato della *identità personale*. Anzi, a ben guardare, la cultura modula le manifestazioni comportamentali, ma l'assimilazione dei modelli culturali e la gestione di essi sono da ricondurre al soggetto che assimila e vive in modo personale quei modelli medesimi. In sostanza, è la persona che avvalora, o meno, gli apporti della cultura di origine, i cui dettati non vengono misconosciuti, sono bensì integrati nelle istanze personali che si manifestano in tendenze, in progetti, ecc. Quindi si conosce la personalità dell'immigrato non tanto rivestendola dei modelli propri della cultura di origine, quanto recuperando nel nucleo vitale della singola persona le espressioni del pensiero, della coscienza, della volontà. Che questa modalità conoscitiva sia appropriata ne è prova lo stesso status di immigrato, il quale, deliberatamente, si va sottraendo alla incidenza totalizzante della cultura di appartenenza. In più, tale modalità conoscitiva darà modo agli insegnanti di rilevare, anche a livello psicologico, quali sono le reali capacità cognitive, comunicative, relazionali di ciascuno degli allievi immigrati.

Nella ricerca di una conoscenza più adeguata degli immigrati, gli insegnanti possono essere inibiti anche dal modo con il quale le società di accoglienza si rappresentano l' "altro". Osserva Perotti che "concepire costantemente i gruppi immigrati assimilandoli alle comunità e culture esistenti nei paesi di origine equivale a rinviarli a una situazione antropologica che non è più la loro, a imprigionarli entro entità immaginarie e stereotipi pericolosi". Ciò sviluppa "nella opinione pubblica un approccio alla pluriculturalità che enfatizza la differenza etnica, religiosa o nazionale, passando sotto silenzio le differenze (...) di classe sociale, di generazione (età), di sesso, di ambiente". Equivale a spersonalizzare l'immigrato, perdendo di vista che «le pratiche culturali di un giovane marocchino possono essere maggiormente tributarie alla sua condizione giovanile, alla sua condizione sociale di abitazione e di lavoro che alle origini culturali e islamiche dei suoi genitori» (A. Perotti, 1993).

Questo dice che non ci si può arroccare sulla conoscenza del gruppo di immigrati, che si connota per determinati caratteri etnici e culturali: l'insegnante ha di fronte soggetti che sono fra loro disuguali a ragione della condizione sociale, del lavoro, del ruolo rivestito nel paese di origine. Individuare tali condizioni è indispensabile se nella scuola si è sensibili al dialogo e al confronto aperto.

Vi è ancora un ambito da esplorare e non di secondaria rilevanza: quello relativo alla *scolarizzazione*. Occorre conoscere se gli allievi immigrati sono stati scolarizzati e, soprattutto, poter accertare se e in che misura la frequenza della scuola ha influenzato i loro modi di conoscenza. A tal fine i dati della psicologia transculturale che precedentemente sono stati presentati potranno essere utilizzati per impostare e condurre l'osservazione. A quei dati aggiungiamo ora alcune considerazioni sulle ricerche effettuate per rilevare, in culture diverse, se e in che grado la scolarizzazione incida sui processi cognitivi, cioè sulla organizzazione delle conoscenze e sullo sviluppo delle abilità mentali. Ricordato che il contesto culturale esercita determinante incidenza su tali processi (per cui alcune abilità cognitive essenziali nella nostra concezione non vengono coltivate in altre culture), si deve segnalare che la ricerca si è impegnata su una distinzione specifica, quella fra *scolarizzazione* e *alfabetizzazione*, intesa questa come apprendimento della lingua scritta.

S. Scribner and M. Cole (1981) propendono a ritenere necessario distinguere alfabetizzazione da scolarizzazione, ma non condividono l'ipotesi di Goody che l'alfabetizzazione promuova *nuovi* processi cognitivi. Intanto essi hanno verificato che la padronanza del linguaggio scritto non influenza positivamente, ad esempio, il pensiero astratto, il ragionamento verbale, il decentramento cognitivo. La ricerca condotta fra i Vai nella Liberia (i quali usano un sistema di scrittura che non è oggetto dell'insegnamento scolastico) ha consentito di verificare che la sola alfabetizzazione ha effetto sulla abilità di analizzare e comprendere discorsi ambigui e sulla capacità di dare istruzioni specifiche a un'altra persona in situazione decontestualizzata. Da ciò si ricava che l'apprendimento della scrittura, di per sé, non genera sostanziali effetti nei processi cognitivi generali.

Quindi pare legittimo ritenere che questi processi siano attribuibili alla globale esperienza scolastica. Già Bruner e altri (J.S. Bruner, 1968) affermavano che la scolarizzazione promuove l'applicazione dei processi cognitivi a una ricca serie di contesti, includendone nuovi e non familiari. Alla luce di questi risultati gli insegnanti possono individuare con maggiore chiarezza le possibilità cognitive degli allievi immigrati, cercando di individuare caratteri e durata della scolarizzazione. La natura di quegli interventi di insegnamento e educazione non può non aver avuti riscontri sulle capacità percettive, su quelle di categorizzazione/classificazione, sulla memoria, sul ragionamento logico. Ovviamente questa ricognizione avrà per oggetto le conoscenze e le abilità conseguite durante il periodo della scolarizzazione: ma è opportuno andare oltre la rilevazione del sapere acquisito. Sottesi a quel sapere vi sono processi cognitivi che debbono essere individuati nel grado della loro effettualità.

3. Le risorse formative: il problema del curricolo

Definiti finalità e obbiettivi, richiamati alcuni criteri essenziali per la conoscenza delle variabili del contesto, rimangono da considerare natura e ruolo delle risorse formative nella situazione educativa multiculturale. In breve, l'interesse va al *curricolo*, cioè al complesso organico di contenuti e metodi di insegnamento ritenuti idonei a promuovere i processi formativi dei soggetti che interagiscono in quella situazione.

Il problema non meriterebbe specifica attenzione ove assumessimo che gli immigrati vengono immessi nelle scuole del nostro Paese non solo per apprendere la nostra lingua, ma soprattutto per essere guidati a recedere dai modelli culturali di origine per assimilarsi globalmente a quelli della nostra cultura. Sarebbe sufficiente integrare il curricolo con corsi di lingua italiana, per rendere cioè possibile agli immigrati di poter partecipare a pieno titolo alle iniziative di apprendimento che vengono impostate sulla base delle indicazioni curricolari della scuola per gli autoctoni. Siamo ormai consapevoli che tale impostazione educativo-didattica è radicalmente dissonante con i significati della educazione interculturale, che si segnala proprio per il rispetto delle diverse culture nel quadro della convivenza multiculturale: qui si colloca il problema del curricolo.

Se pure si professa l'ambizione di porre a base dell'insegnamento nella scuola un sapere che abbia valore universale (cioè venga incontro a bisogni, istanze che si profilano come invarianti negli individui a qualsiasi cultura e etnia appartengano), di fatto l'istruzione si attesta sulla cultura particolare. Per cui anche le scuole del nostro sistema scolastico operano orientate da curricoli che fondamentalmente accolgono concezioni, ideali, valori, costumi che sono retaggio dei processi storico-culturali del cosiddetto mondo occidentale. La pedagogia dei colonialisti può risultare qui esperienza probante: certi di portare il più fertile contributo formativo, costoro applicavano nelle scuole dei popoli africani i curricoli predisposti per le loro scuole nazionali. Indubbiamente ci siamo liberati di quegli orientamenti e, cercando di erodere pregiudizi etnici e razzisti che tuttora inquinano la nostra convivenza sociale, progettiamo forme di educazione aperte alle culture "diverse". La questione dominante di tale progetto di *educazione aperta* si centra sulla *formulazione del curricolo*. E il dilemma è chiaro: *cultura* o *culture* quali fondamenti del quadro curricolare? Vi sarà chi osserva che, in realtà, il problema prioritario nella impostazione della educazione interculturale è quello della lingua: come accogliere nel contesto educativo soggetti che non conoscono la lingua del nostro Paese? Direi che non si deve fare confusione di piani: qui siamo interessati a dare una definita struttura al progetto educativo interculturale. L'apprendimento della seconda lingua sarà iscritto in quella struttura al momento in cui si esamineranno gli aspetti metodologico-didattici della applicazione del curricolo.

Tornando al dilemma sopra enunciato va detto che è stata fatta esperienza di modalità risolutive diverse. Riferiamo delle più significative, anche per segnalare gli aspetti evolutivi di tali modalità: evoluzione che ovviamente consegue all'evidenziarsi di processi culturali, i quali favoriscono il progressivo definirsi di atteggiamenti nuovi che dilatano gli spazi di una coscienza proiettata verso una società aperta. Si approdò a un primo tentativo di soluzione del problema del *curricolo multiculturale* con un approccio meramente aggiuntivo. Molti insegnanti ritenevano che si potesse realizzare tal genere di soluzione «lasciando essenzialmente intatto il curricolo proprio della scuola. Si riteneva fosse sufficiente aggiungere ad esso "insegnamenti linguistici supplementari e aree disciplinari tematiche supplementari", organizzate attorno a ciò che si riteneva cultura indigena» (J. Lynch, 1933).

Di solito, tale aggiunta si compiva sulla base di approssimate definizioni dei caratteri propri dei gruppi etnici. Gli allievi della popolazione di maggioranza non venivano interessati a queste aggiunte curricolari. Solo qualche tempo dopo le prime esperienze, rendendosi conto che tale organizzazione curricolare approfondiva la separazione fra i soggetti di diversa etnia e cultura, si addivenne a modalità didattiche con le quali si voleva in qualche modo gettare un ponte fra quei corsi aggiunti e gli aspetti essenziali del curricolo di base. Sono facilmente rilevabili i limiti di tale soluzione: rimaneva incontaminato il campo dei pregiudizi perché la contrapposizione "loro"/"noi" tendeva a radicalizzarsi. Poiché si pensava che quelle aggiunte avrebbero in parte recuperata la fiducia in sé nei membri dei gruppi di immigrati, si dovette prendere atto che ciò non si verificava perché quei soggetti, negli apprendimenti del curricolo tradizionale, non superavano la mediocrità. Oltretutto, quella era una soluzione che tradiva il significato da dare al rapporto fra le culture: deve essere un rapporto dinamico che pone in atto un fenomeno di "circuitazioni" tra le culture medesime.

Anche un secondo orientamento risolutivo del problema del curricolo multiculturale non ha avuto maggiore credibilità del precedente.

Orientamento che si attiva sulla convinzione che, specie nel primo livello di studi, dovranno essere considerati gli aspetti singolari e differenti che assumono i comportamenti di allievi appartenenti ad altre culture. Lynch, in tal caso, parla di "educazione multiculturale folcloristica"; e aggiunge che si compie «il tentativo di introdurre nel curricolo principale lo studio di usi e costumi, del modo di vestire e delle festività di uno o di tutti i gruppi minoritari» (*Idem*). Lo si vede bene, anche in questo caso l'accento cade sulle differenze, coltivando così separazione fra soggetti di diversa cultura. Dice Banks che gli allievi autoctoni, in questa prospettiva di insegnamento finivano per credere che «le caratteristiche culturali che erano differenti dalle loro erano la singolarità e la inusualità; pertanto gli appartenenti alle culture minoritarie mostravano di condividere con loro pochi modi di comportamento» (J.A. Banks, *op. cit.*, p. 175).

Lynch menziona anche una terza modalità di risoluzione del problema del curricolo multiculturale: la denomina *modalità della impregnazione*. In sostanza, si sono «compiuti tentativi per introdurre contenuti appropriati e per creare materiali e metodi didattici attenti alla diversità culturale» (J. Lynch, *op. cit.*, p. 53). Questa introduzione nel curricolo tradizionale di contenuti specificamente riguardanti questa o quella etnia e cultura, spesso attuata con criteri eterogenei, ha dato prova di effetti di una qualche positività. Quanto meno si prendeva coscienza che il curricolo multiculturale doveva corrispondere il bisogno di animare relazioni interetniche. Ciò anche se, nel contesto della situazione educativa, tale approccio si segnalava per «la sua continua e eccessiva accentuazione delle differenze e per la mancanza di valutazione sistematica dei risultati».

Il richiamo esemplificativo a queste tre modalità ripropone la questione della struttura e della articolazione del curricolo multiculturale. Quali i principi e i criteri di tale curricolo? Banks sollecita una riflessione pregiudiziale: ad esempio, si insegna la storia da prospettive etnico-culturali diverse piuttosto che dal punto di vista storico tradizionale? Più concretamente, gli insegnanti presentano eventi, argomenti e giudizi storici primariamente dal punto di vista della cultura occidentale, ovvero tali eventi e giudizi andranno presentati secondo la prospettiva di gruppi etnico-culturali diversi? Da ciò l'esortazione di Banks: occorre riconcettualizzare il modo di considerare il significato della cultura occidentale nel curricolo scolastico (J.A. Banks, *op. cit.,* p. 178). In altre parole, nella gestione della situazione scolastica multiculturale si avrà cura di dare ai contenuti del curricolo tradizionale un nuovo ruolo: anziché costituire l'unico e oggettivo dato di riferimento per i processi di apprendimento degli allievi, quei contenuti sono oggetto di confronto con le prospettive dei diversi gruppi etnico-culturali.

Gli insegnanti allora sposteranno il baricentro del loro insegnamento dal nucleo significativo dei contenuti che stanno insegnando alle interpretazioni che di tale nucleo si ritrovano nelle culture diverse da quella occidentale. Lo scopo di tale mutamento è chiaro: l'educazione interculturale deve dirigersi a tutti i soggetti del contesto scolastico multiculturale per animarne i processi di formazione. Per questo si deve ricorrere a una diversa codifica dei fatti culturali, cioè delle discipline quali oggetto dell'insegnamento. Si profila un'attività educativa che non si limita a motivare "uno scambio fra soggetti appartenenti a culture diverse"; punta a incentivare «menti flessibili, atte a capire e a operare non secondo uno scientismo gretto e produttivistico, ma secondo sistemi di inferenze tra saperi che riportino alla globalità dei significati» (G. Tassinari, 1992, p. 190).

Indubbiamente si dovrà prender coscienza delle complesse implicazioni di tale mutamento. Anzitutto, la necessità di attingere livelli adeguati di conoscenza almeno delle culture delle quali si hanno appartenenti nel gruppo classe. Banks auspica che, sia insegnanti che allievi, abbiano disponibili risorse che consentano una accurata informazione sui diversi aspetti della storia e delle culture dei differenti gruppi etnici. Si pensa a centri di apprendimento, a biblioteche, alle quali attingere referenze storiche, letterarie, musicali, ecc. (J.A. Banks, *op. cit.*, p. 273). Ciò dovrebbe favorire l'affermarsi della capacità di superare il naturale ossequio ai valori culturali della cultura occidentale: il confronto con altre culture è necessariamente fonte di conflitto, prima intrapsichico, poi intersoggettivo. L'opera di insegnamento qui si fa delicatissima: deve far leva sulle analogie e le convergenze per poter incanalare le prospettive culturali diverse verso "universali" che danno fondamento all' "umano".

I problemi qui sopra emersi troveranno ulteriore considerazione nel capitolo che segue, nel quale si prenderanno in esame i metodi di realizzazione del curricolo multiculturale. Qui, conclusivamente, fissiamo i motivi che possono orientare nella impresa di strutturare un curricolo che corrisponda le istanze della educazione interculturale. Lynch suggerisce che il criterio essenziale che deve guidare "la costruzione di un curricolo multiculturale" riguarda "l'equilibrio culturale". Naturalmente, la qualificazione di tale equilibrio non è recuperabile sul piano quantitativo, quanto su quello qualitativo. Cioè, non si ha tanto attenzione alla quantità degli apporti relativi a concezioni, valori, comportamenti peculiari di ciascuna cultura, quanto alla natura dei significati che diversi gruppi culturali attribuiscono appunto a specifiche concezioni, a valori, a comportamenti.

In tal modo, l'equilibrio culturale auspicato per il curricolo si manifesta nell'incontro/confronto delle diverse posizioni mentali. La mediazione operata dagli insegnanti sarà qui essenziale: le inevitabili situazioni conflittuali saranno avviate a positiva risoluzione facendo emergere — e quindi apprezzare — quanto di accoglibile vi è in ciascuna cultura, valorizzando certo l'identità culturale, ma insieme orientando a percepire ciò che accomuna nel vasto ventaglio delle risposte che l'umanità ha dato e dà ai bisogni non soltanto biologici dell'uomo.

Capitolo Sesto

PROBLEMI DI ATTUAZIONE
DEL PROGETTO EDUCATIVO INTERCULTURALE

Non faremo qui una ricognizione esauriente della fase dell'*implimentation*, cioè della attuazione del progetto educativo. Necessariamente dimensioniamo le argomentazioni sulla misura delle questioni che vengono poste sul tavolo dalla rilevazione del *setting* che andiamo considerando, quello cioè di una situazione scolastica multiculturale. In tale situazione il momento attuativo propone due problemi emergenti, quello linguistico e quello concernente l'adeguazione del curricolo. In questo capitolo, sia pure in modo sintetico, procederemo a verificare entità e natura di quelle condizioni problematiche, avanzando poi ipotesi di soluzione.

1. Il problema dell'inserimento linguistico degli alunni immigrati nella scuola

La situazione linguistica dei bambini immigrati è singolare. Nell'ambiente familiare e nel gruppo etnico essi comunicano tramite la lingua materna: di regola gli scambi di comunicazione sono limitati e prevedibili. Accade che gli adulti espongano i bambini a parole o frasi espresse in lingua italiana, ma non è certo questa l'occasione più propizia alla acquisizione di una competenza comunicativa utile a porsi in producente relazione con l'ambiente di accoglienza. Vero è che anche il bambino e il ragazzo immigrati entrano in qualche misura in relazione con l'ambiente e, quindi, assimilano enunciazioni e modi di esprimersi, ma, ancora una volta, tale tipo di apprendimento, già precario e insufficiente per la vita di relazione, è del tutto inadeguato alle esigenze della scuola, la cui opera fa perno su apprendimenti correlati a un ventaglio di discipline. Va aggiunto che l'impossibilità di esprimersi in un italiano corretto provoca per lo più acuto disagio, accentuato sovente dall'irrisione che si subisce nella relazione coi compagni autoctoni. Per gli immigrati il bilinguismo si propone quindi come una conquista faticosa, da portare avanti in un ambiente spesso diffidente, se non addirittura ostile.

È da ritenere che questa difficile condizione abbia a ripetersi anche nella situazione scolastica? Dipende sia dai significati che si attribuiscono all'insegnamento della seconda lingua, sia dalle modalità di attuazione di tale insegnamento. Intanto non va dimenticato che termini e costrutti che gli immigrati assimilano nella prima esposizione all'italiano parlato dalle persone con le quali hanno incontri estemporanei, risultano utili esclusivamente alle funzioni comunicative più ricorrenti. Non solo, ma se dopo qualche tempo essi riescono in qualche misura a decodificare semplici messaggi dell'interlocutore italiano e a codificare altrettanto semplici comunicazioni, ciò si verifica non tanto in seguito alla elaborazione di costrutti linguistici portatori di significati, quanto per un meccanico accostamento di parole e frasi a questa o a quella esperienza.

Questo genere di apprendimento linguistico non è trasferibile nel contesto didattico della scuola nella quale si configura una situazione multiculturale. Quanto meno perché ogni lingua ha senso se radicata nella cultura che la esprime e che ne alimenta le dinamiche. Per cui la istituzionalizzazione dell'insegnamento della seconda lingua per gli immigrati non può concretarsi in una forma di addestramento: deve risultare bensì una occasione di crescita culturale, in quanto il possesso di una seconda lingua consente oltretutto di attingere valori culturali fino ad allora non conosciuti. A ciò si aggiunga che l'approdo culturale è impossibile ove non conseguito tramite processi che coinvolgano pensiero, coscienza, sentimenti.

È il caso di anticipare qui un richiamo essenziale: troppo spesso nella scuola si tende a confondere la *competenza linguistica* con la *competenza comunicativa*. In altre parole, si ritiene che l'aver assimilato termini e costrutti di una lingua, solo per questo si consegua una buona competenza comunicativa. È chiaro che assumere questo criterio nel piano didattico di insegnamento della seconda lingua può provocare negli allievi immigrati effetti non desiderabili: tanto più che nella scuola il possesso della seconda lingua è fattore di attivazione dei processi di apprendimento dei contenuti di sapere. Giustamente si rileva che la "competenza comunicativa" è una "abilità complessa", che già nel bambino di sei anni «costituisce una vera e propria costellazione di singole abilità/competenze ed è correlata ad abilità di tipo cognitivo già in atto (come l'organizzazione mentale del contenuto della comunicazione e la sua progettazione secondo regole sociali condivisibili)» (M.T. Moscato, *op. cit.*, p. 83). Inoltre, la competenza comunicativa trova stimoli nelle componenti affettivo-emotive e richiede l'impiego di quelli che sono detti "linguaggi non verbali". Tutto ciò esorta a evitare semplificazioni didattiche. Semmai resta da chiarire se l'insegnamento della seconda lingua nella scuola debba esser modulato unitamente in ordine alle due esigenze, quella del possesso degli strumenti linguistici e quella della capacità comunicativa.

Cercheremo tale chiarificazione quando approderemo alla descrizione dei possibili modelli di insegnamento della seconda lingua nella scuola multiculturale. Ora enucleiamo un'altra condizione di tale insegnamento. Il piccolo immigrato possiede la lingua materna con la quale attua i rapporti comunicativi nella famiglia: questo strumento gli viene meno nella scuola, anche dopo i primi mesi di frequenza. Non è una situazione educativamente felice, perché il bambino è privato della possibilità di esternare le proprie idee e i propri sentimenti ed è impedito a recepire i messaggi degli "altri". In sostanza, egli è inibito nella scuola a esprimere la sua personale e sociale identità.

Si può ritenere che questa grave lacuna possa essere colmata dall'insegnamento della seconda lingua? E ancora, l'apprendimento della nuova lingua si consolida a danno della lingua materna, per cui l'identità personale tende a manifestarsi secondo il nuovo codice linguistico e i valori culturali che lo sottendono? Sono interrogativi che rimandano all'idea di *bilinguismo*. Osserva J. Edwards (1977): «Il bilinguismo in educazione serve la causa del multiculturalismo, oppure è il mezzo per accelerare l'assimilazione di gruppi minoritari alla società di accoglienza?». Si ricorderà che Lambert ha avanzato la distinzione tra *bilinguismo aggiuntivo* e *bilinguismo sottrattivo*: in questo secondo caso la seconda lingua minaccia la sopravvivenza della lingua materna. Nell'altro caso, non solo si avrà la valorizzazione della prima lingua, ma si corrisponderà l'istanza precipua della educazione interculturale, cioè di salvaguardare e incentivare cultura e lingua "altre". Ancora W.E. Lambert (in Hornby P.A., ed., 1977), ha verificato che i bambini bilingui mostrano, rispetto ai monolingui, maggiore flessibilità cognitiva, più vivace pensiero divergente, più ricca creatività.

Tutto questo, mentre convalida il ruolo educativo della seconda lingua, pone problemi organizzativi non indifferenti. Infatti, si dovrebbe far posto nella scuola a interventi di insegnamento relativi ai linguaggi e alle culture di origine degli allievi immigrati. Iniziative che per essere efficaci, non debbono essere isolate e estemporanee.

Rilevato che il bilinguismo va ritenuto fattore non secondario dell'impegno di educazione multiculturale, rimangono da accertare le modalità di organizzazione e conduzione di iniziative che promuovano negli allievi immigrati sia l'apprendimento della seconda lingua, sia la valorizzazione della lingua e della cultura di origine. L'esperienza dice che le soluzioni organizzative sono state finora molte e fra loro disparate. Ciò non fa meraviglia, visto che non vi è convergenza di intenti nei riguardi del fenomeno migratorio. Dove all'immigrato si chiede compiuta assimilazione alla cultura della società di accoglienza, l'insegnamento della seconda lingua è in funzione del progressivo misconoscimento della lingua materna. Laddove, invece, si procurano le condizioni per una integrazione nella società di accoglienza nel rispetto della diversità etnica e culturale, la seconda lingua viene insegnata parallelamente al continuo recupero della cultura e della lingua di origine.

Si fa richiamo a tre modelli di organizzazione dell'insegnamento della seconda lingua. Il più diffuso è quello della costituzione di *classi preparatorie*. Sono classi che, di regola, non fanno parte della struttura curricolare della scuola. La frequenza di esse dipende dai ritmi di apprendimento della seconda lingua da parte di ogni allievo. L'insegnamento in queste classi è affidato a docenti qualificati. In relazione all'esigenza di favorire il bilinguismo, negli Stati Uniti questo modello si articola in due modalità: quella che muove dall'insegnamento della lingua di origine e, solo dopo che si è accertata la padronanza nell'ascoltare, nel parlare, leggere e scrivere in quella lingua, si introducono gli allievi all'apprendimento dell'inglese. L'altra modalità, invece, non cura la padronanza della lingua materna, immerge immediatamente l'immigrato nel linguaggio inglese, avviandolo poi alla lettura e alla scrittura (cfr. J.A. Banks, *op. cit.*, p. 72).

Con un secondo modello di organizzazione pare si intenda evitare all'allievo immigrato una rigida separazione con l'ambiente scolastico. Così si istituisce una specie di *sostegno linguistico* che si inserisce nel tempo curricolare, al posto di altre attività educative. Si intende, insomma, offrire agli immigrati un "sostegno" valido per una più producente partecipazione agli apprendimenti che vengono sollecitati dalla scuola. Si può esemplificare citando il modello organizzativo posto in atto nella scuola elementare "Giusti" di Milano. Vi si prevedono due momenti distinti: l'acquisizione della lingua italiana e la valorizzazione e lo scambio fra culture diverse. Per alunni di prima e seconda elementare si hanno: 12 ore di insegnamento della lingua italiana per gli alunni cinesi; ancora 12 ore, naturalmente settimanali, di permanenza graduale in classi con alunni italiani; infine, tre ore di insegnamento della lingua cinese per alunni cinesi. Tempi simili sono adottati per alunni immigrati delle altre classi del corso. Si precisa che l'inserimento degli alunni cinesi nelle classi è graduale e tiene conto sia delle esigenze delle famiglie, che del livello di acquisizione della lingua italiana (G. Polliani, 1991).

Un terzo modello di organizzazione è quello detto delle *classi bilingui*, che «sono destinate a gruppi che hanno la stessa appartenenza nazionale e culturale, ai quali viene proposto un insegnamento nella lingua del Paese di origine, parallelamente all'insegnamento della lingua del Paese di accoglienza, che diventa progressivamente la lingua veicolare dell'insegnamento» (D. Demetrio, G. Favaro, *op. cit.*, p. 72). Tale organizzazione è poco diffusa in Europa, mentre è presente nella maggior parte delle scuole statunitensi, nelle quali si insegnano materie (ad esempio, lettura, matematica, storia, ecc.) nella lingua di origine e nel contempo si insegna l'inglese come seconda lingua.

Difficile dire dei gradienti di validità educativa di tali tipi di organizzazione dell'insegnamento della seconda lingua, dato che soprattutto in Europa, i criteri di impostazione di quell'insegnamento non sono omogenei. Più interessante è notare che quei modelli non dedicano attenzione all'esigenza di attivare e incentivare il possesso della lingua e della cultura di origine. Neanche il terzo modello, perché l'insegnamento di materie nella lingua nativa è solo un espediente funzionale che viene ben presto abbandonato a pro della dominanza della seconda lingua. Ciò pare in palese contraddizione con la proclamazione dei principi della educazione interculturale che, si è ripetuto più volte, intende procurare le condizioni per il confronto aperto fra appartenenti a culture diverse. In verità si può far menzione anche di iniziative di insegnamento della lingua e della cultura di origine. Se ne individuano due modelli: quello che prevede per i minori stranieri insegnamenti relativi alla loro lingua e cultura, impartiti in orario curricolare al posto di altri insegnamenti. L'altro modello si presenta come un ampio ventaglio, in quanto è riferibile alle iniziative che vengono prese al di fuori del sistema scolastico. Vi giocano un ruolo primario comunità religiose, associazioni, gruppi di immigrati, ecc.

L'insieme dei modelli di organizzazione dell'insegnamento della seconda lingua e della lingua materna costituisce un set di soluzioni che lascia insoluto il problema della relazione funzionale fra l'apprendimento appunto della seconda lingua e i processi di apprendimento attivati tramite la trasmissione dei contenuti culturali. In sostanza, l'acquisire il possesso della lingua del paese di accoglienza permette all'allievo immigrato di fruire immediatamente degli insegnamenti relativi alle discipline del curricolo? La risposta più probabile è negativa: non dimentichiamo che ciascuna di tali discipline è esplicabile sulla base di uno specifico linguaggio (ad esempio, in matematica, i termini "denominatore", "quoziente", "coefficiente", "dividendo", ecc. sono decifrabili nel contesto di esperienze matematiche).

Ma vi è di più. Pensiamo all' "infante", proprio al piccolo che ancora non articola il linguaggio verbale: come perviene al graduale possesso di parole e di "parole-frasi"? Lo sforzo di acquisizione è innescato dal bisogno di conoscere: un oggetto, una persona, un animale visti per la prima volta eccitano l'interesse conoscitivo che può essere completato dall'apporto dell'adulto il quale suggerisce i "nomi". Allora il linguaggio si identifica come *medium* tramite il quale il piccolo progredisce nella conoscenza della realtà.

Trasferiamo questa procedura nel contesto scolastico. Se per gli immigrati pongo in essere "classi preparatorie" o "sostegni linguistici", o "classi bilingui", predispongo situazioni di apprendimento della seconda lingua dissociate dal quadro dei contenuti e delle abilità che sono oggetto dell'insegnamento delle varie discipline nella classe. È una soluzione che potrà procurare a quegli allievi la possibilità di non essere estraniati dalle ricorrenti interazioni con gli autoctoni; ma risulterà del tutto deficitaria allorché gli immigrati saranno coinvolti nell'attività di insegnamento curricolare. E tale carenza non affiorerà solo sul piano linguistico (il non possesso di specifica terminologia relativamente alle diverse discipline) eserciterà i suoi effetti anche sul piano psicologico, perché l'apprendimento della seconda lingua dissociato dal contesto dei contenuti dell'insegnamento, favorirà un atteggiamento meramente applicativo: cioè, ci si è abituati a usare il vocabolario posseduto per denominare le diverse esperienze. Vanno invertiti i termini del rapporto: non c'è un bagaglio linguistico cui attingere "etichette" per denominare un oggetto, una persona, un comportamento. C'è una esperienza con la quale si ha un approccio conoscitivo: se la lingua è strumento del pensiero, si deve essere capaci di esprimere spinte motivazionali che conducano a integrare quell'approccio con l'apporto del nome o della frase significativa.

Da questo punto di vista l'apprendimento della seconda lingua per allievi immigrati può essere impostato con criteri nuovi e tali da corrispondere sia la esigenza conoscitiva rispetto ai contenuti curricolari, sia quella del possesso degli strumenti linguistici. In ciò favoriti dal contributo combinato di processi cognitivi e di stati motivazionali. In concreto, pare utile prospettare un modello di organizzazione dell'insegnamento della seconda lingua che integri linguaggio e contenuti della istruzione. È un modello di organizzazione che trova esteso interesse negli USA (cfr. M.A. Snow e altri, 1992): con i necessari adattamenti può risultare valido anche nella situazione multiculturale del nostro sistema scolastico.

Alcuni motivi forti del modello. Intanto si assume il principio che sviluppo cognitivo e sviluppo del linguaggio avanzano di pari passo: quindi, può risultare sterile l'insegnamento della seconda lingua dissociato dalla trasmissione dei saperi pertinente le diverse discipline. Il linguaggio è un *medium* per la conoscenza e la comprensione del mondo: perciò l'apprendimento dei contenuti di sapere è reso possibile se sostenuto dalla esigenza di integrare e rendere oggetto di comunicazione le conoscenze assimilate e elaborate.

In secondo luogo si valorizza la motivazione ad apprendere. Cerchiamo nel vissuto del bambino, non ancora frequentante la scuola obbligatoria, una legittimazione di questo assunto. Lo si sa, si scrive di *matematica parlata* per indicare gli atteggiamenti dei bambini che, nei loro giochi compiono esperienze riguardanti le quantità. Ne decifrò il significato L.S. Vygotsky (1973). Così, se essi giocano a chi riesce a lanciare più vicino a un punto di riferimento un oggetto, una moneta, ecc., essi sono impegnati a deliberare chi è il "vincitore".

In questo impegno sono portati a "misurare" le distanze che separano gli oggetti lanciati dal punto di riferimento: è il momento in cui essi sono motivati a usare termini appropriati, quali, "vicino", "lontano", "più vicino", "più lontano". In breve, sospinti dalla esigenza di conoscere l'oggettiva localizzazione degli oggetti lanciati, si appropriano di termini ed espressioni linguistiche che risultano significanti la situazione di gioco. Ciò conferma che i contenuti di conoscenza (quindi anche quelli che sono oggetto di insegnamento nella scuola) incentivano stati motivazionali che fungono da *energizers* nei riguardi dell'apprendimento linguistico. Sostanzialmente si può dire che si apprende la lingua conseguentemente all'interesse conoscitivo.

Raffiguriamo la condizione degli allievi immigrati che nella scuola sono sollecitati all'apprendimento di conoscenze matematiche, storiche, scientifiche, ecc., pur non possedendo che occasionali rudimenti della seconda lingua: se l'impostazione didattica sarà adeguata, anche l'incerta comprensione delle esperienze trasmesse tramite i contenuti di sapere dovrebbe provocare interesse verso parole e espressioni utili a significare l'esperienza. Naturalmente, e lo vedremo qui di seguito, ciò richiede strategie da elaborare da coloro che operano come docenti del gruppo classe.

Chiudiamo questa breve ricognizione dei motivi forti del modello integrato di insegnamento della seconda lingua, segnalando che i criteri che sottendono il modello non curano solo la comprensione del linguaggio, bensì ne motivano la produttività. E anche questo è un elemento di validità formativa del modello medesimo.

Una organizzazione centrata su quei motivi richiede definiti spunti procedurali. Anzitutto per quanto concerne *i ruoli dei docenti* che opereranno congiuntamente nella classe: uno è l'insegnante, chiamiamolo così, curricolare, in quanto gli è affidato l'insegnamento dei contenuti di una o più discipline, o di tutte le discipline del curricolo; l'altro è l'insegnante cui è affidato il compito di promuovere i processi di apprendimento della seconda lingua. Quest'ultimo avrà buona conoscenza anche della lingua materna degli allievi immigrati che gli sono affidati. Nonostante operino congiuntamente, ciascuno dei due docenti mantiene il proprio ruolo, condividendo la responsabilità educativa.

L'insegnante curricolare sa quali conoscenze e concetti deve far assimilare agli allievi; l'insegnante specialista deve essere capace di individuare le abilità linguistiche necessarie per approdare all'apprendimento di questi o quei contenuti di sapere. Per cui il lavoro di team si condensa in un interrogativo come questo: quali altre abilità linguistiche sono compatibili con i concetti o le conoscenze che debbono essere insegnati? Quindi, gli obiettivi linguistici da far conseguire debbono promuovere negli allievi la capacità di sviluppare, padroneggiare, comunicare pensiero e linguaggio intorno a determinate conoscenze trasmesse con l'insegnamento.

Ne deriva un compito non facile per i docenti del team: quello della individuazione degli obiettivi dell'insegnamento. Infatti, per ogni argomento o concetto va acquisito un determinato linguaggio che è indispensabile per capire e per parlare di essi: sono obiettivi definibili come "strutturali" e concernono la specificazione di verbi, l'uso di nomi, ecc. Si aggiunga che vanno considerati anche gli obiettivi detti "funzionali", quali l'abilità di prendere note, la capacità di richiedere o dare informazioni, il raccontare, il persuadere, ecc. Dal punto di vista del metodo si preferisce la pratica dello «scaffolding», con la quale si configura un'attività di "istruzione assistita". In altri termini, insegnanti e allievi interagiscono fino al conseguimento effettivo dell'apprendimento. In sostanza, si muove dalla iniziale integrazione di linguaggio e contenuti: poi gli allievi lavorano con le informazioni raccolte, scrivendo brevi sommari, descrivendo la cronologia degli eventi, ricapitolando la serie dei fenomeni rilevati, ecc. Facendo uso di questi documenti, il giorno seguente l'insegnante avvia la discussione. In ciascuna di queste fasi i docenti sono attenti al linguaggio che viene usato: deve essere compatibile coi contenuti che si vengono apprendendo.

È chiaro che tale pratica didattica favorisce fra l'altro l'opportunità di una ricerca in comune dell'integrazione di linguaggio e contenuti ed inoltre sollecita la capacità di negoziazione dei significati. Quindi, le attività di istruzione dovrebbero promuovere lo sviluppo della seconda lingua attraverso un naturale processo nel quale oggetto primo dell'interesse non è il linguaggio, è bensì la capacità di comunicare concetti, idee e di compiere applicazioni ora di natura matematica, ora di natura scientifica, ecc. Questo significa che nella classe si deve creare un contesto comunicativo naturale e efficace per stimolare un libero uso della lingua in ogni impegno di apprendimento.

2. Condizioni e criteri per il riordino del curricolo

È vero che anche per una situazione scolastica monoculturale attualmente si postula una revisione del tradizionale curricolo, perché la formazione interculturale deve proporsi come traguardo comune per la generalità dei cittadini. A maggior ragione si richiede il riordino di tale curricolo ove il setting scolastico sia costituito da allievi appartenenti a culture diverse. È appena il caso di ricordare che si intendono conseguire scopi educativi ben identificati: promuovere le capacità di saper convivere con le "diversità" e, insieme, rendere l'humus di tale convivenza propizio alla crescita delle culture diverse di cui sono portatori gli allievi.

Si può pensare al riordino del curricolo seguendo modalità diverse. Ad esempio, recuperando episodicamente motivi specifici delle diverse culture per orientare gli allievi a farne oggetto di confronto. È una modalità "debole": si avrebbe un approccio alle culture disorganico ed estemporaneo, quando invece l'educazione interculturale richiede valorizzazione delle culture medesime. Non basta: c'è il rischio che il criterio episodico finisca per recuperare un pregiudizio, quello che le culture "altre" abbiano minor significato di fronte alla cultura europea e occidentale in genere.

Un'altra modalità induce a inserire nel curricolo monoculturale riferimenti organici relativi alle culture "diverse". A prima vista questa appare una soluzione apprezzabile; tuttavia, rimane insoluto il problema dei modi di iscrizione di quei contenuti nella struttura del curricolo. Ciò che va evitata è una meccanica giustapposizione che renderebbe arduo e certo improduttivo il confronto culturale. Rimane una terza modalità, quella di un ripensamento globale della struttura del curricolo. In sostanza si debbono individuare i criteri che consentano di salvaguardare i significati di ogni cultura, pur programmando un'azione educativa cha assuma quei significati quali oggetti di una continua ed estesa interpretazione dei motivi, delle esigenze, dei valori che li sottendono. Su questa modalità ci intratterremo qui di seguito.

Pare necessario dover evidenziare alcune condizioni che costituiscono fattori pregiudiziali di un ripensamento globale del curricolo. È ineluttabile che l'attenzione converga anzitutto sugli insegnanti, i quali debbono essere sensibilizzati «alle caratteristiche e ai bisogni culturali delle minoranze» (D. Demetrio, G. Favaro, *op. cit.*, p. 77). Gli aspetti antropologici e culturali e i modi di vivere degli immigrati debbono essere oggetto di interesse; così pure gli insegnanti dovranno inferire i tratti di una pedagogia e di una didattica che concretino forme di educazione efficaci. Ci si riferirà ancora agli insegnanti: ma questa volta si tratta del «personale appartenente alla minoranza etnica e culturale» che sarà inserito nella situazione scolastica. Si nota che «l'inserimento di educatori e insegnanti della stessa origine degli allievi immigrati avviene in maniera sistematica allorquando il programma prevede anche l'insegnamento della lingua di origine. In altri casi, l'animatore/mediatore culturale ha compiti di traduzione, di sostegno psicologico, di facilitazione dell'inserimento degli alunni stranieri nel nuovo ambiente» (*Idem*). Aggiungiamo che un'altra condizione richiama all'apprestamento di testi che siano coerenti con il quadro curricolare ripensato: infatti, non basta che essi siano depurati degli stereotipi e dei pregiudizi verso differenti gruppi culturali ed etnici.

Ma veniamo al problema specifico del ripensamento del curricolo elaborato per una situazione scolastica multiculturale. È appena il caso di ricordare che questa operazione non può che far perno su due fattori, quello delle *finalità educative* che si intendono conseguire e quello concernente i *saperi* che sono oggetto dell'insegnamento. In queste pagine si è fatto spesso richiamo ai significati di dette finalità nella dimensione della educazione interculturale. Semmai rimane da precisare che uno degli obiettivi preminenti nella situazione scolastica multiculturale è riferibile ai processi di identità personale e culturale. Per cui non va perso di vista il significato di *identità* che si disegna come "sintesi progressiva" di comportamenti, di motivazioni, di atteggiamenti cognitivi nei confronti della realtà. Certo che la ricerca della identità è un evento processuale; tuttavia l'identità è elemento di garanzia di stabilità e costanza. Ciò dice che l'identità è strettamente correlata alla cultura di appartenenza: in essa confluiscono i tratti di tale cultura, «non come aggregato di contenuti definiti, ma come motore attivo (e, inevitabilmente, selettivo) dell'esperienza ulteriore dell'adulto» (M.T. Moscato, *op. cit.*, p. 62).

Si deve allora ipotizzare che nella dimensione multiculturale il processo di identità quanto meno subisce turbative non indifferenti? L'interrogativo ha un fondamento pedagogico-educativo rilevante: non poter dar senso alla propria identità è condizione esistenziale negativa al punto da poter sfociare a stati patologici. Si è già data qualche attenzione alle condizioni psicologiche di disagio della maggioranza degli immigrati nei tempi del primo approccio ai costumi e ai comportamenti dominanti nel paese di accoglienza. Qui si dovrà andare oltre questa rilevazione fenomenica: cioè dobbiamo chiarire se il convivere con culture "altre" deprime o avvalora il processo di identità.

Segnaliamo, a nostro conforto, un giudizio sul ruolo della diversità nel quadro del processo di autorealizzazione dei soggetti umani. Il riferimento è a F. Dyson (1981), il quale nota che «la plasticità e la diversità dei linguaggi ha avuto parte essenziale nella evoluzione umana. La varietà dei linguaggi non è uno sgradevole accidente della storia. È il modo escogitato dalla natura per farci evolvere rapidamente». Chiaro che il termine "linguaggi" ha qui significato estensivo: le diverse forme di cultura sono linguaggi coi quali l'umanità ha formalizzato le sue esperienze. Deduciamo da ciò che un tessuto multiculturale di convivenza risulta fecondo ai fini del processo di identità? G. Devereux (1975) osserva che «anche se l'identità è relativa, è pur sempre a livello soggettivo un sistema globale, una unità globale su cui non si può agire per somma o sottrazione di parti, senza rischiare la crisi della unità stessa». Per cui pare di dover riconoscere che l'identità possa essere interpretata come «identità di *funzione* di più situazioni culturali» (S. De Carlo, in G. Tassinari, *op. cit.*, p. 192).

Limitiamoci a queste brevi considerazioni. Del resto abbiamo fissato un motivo determinante: nella situazione scolastica multiculturale (come, peraltro, nel contesto multiculturale della società di accoglienza) l'allievo immigrato — dopo brevi tempi di disagio — potrà trovare stimoli convenienti per l'affermarsi di una identità più matura e capace di reggere il confronto con le modalità di culture altre, ricevendo e offrendo contributi costitutivi della personalità.

Perché nella scuola ciò trovi corrispondenza, si dovrà riflettere sulla fisionomia e l'uso del curricolo. Certo che, come ricordato, non si porrà mano all'impianto di un curricolo pertinente la condizione multiculturale assumendo un criterio di mero assemblaggio di aspetti di culture diverse. Dobbiamo rendere produttive le interazioni all'interno della scuola, badando che i portatori di culture diverse hanno diritto a non essere anche culturalmente emarginati. L'ostacolo più consistente è rappresentato dalle differenze che corrono fra le culture di cui sono portatori gli allievi. Per cui, se l'attività educativa si centra sulle discipline di insegnamento (anche se in queste sono integrati contenuti riferibili alle culture altre), ci si imbatterà in difficoltà non facilmente superabili se si è certi che il compito della educazione interculturale si dirige alla valorizzazione dei gruppi minoritari.

Probabilmente si dovrà *spostare l'asse della trasmissione culturale dall'assetto disciplinare distinto in rigidi comparti a una progettualità che tenga in debito conto le dinamiche di reciprocità delle culture.* Reciprocità che è esperibile quando l'insegnamento nella situazione multiculturale non si formalizza come trasmissione di «fatti» pertinenti questa o quella cultura: quei "fatti" acquistano valenza formativa se colti nei comportamenti, nelle relazioni, nelle tensioni che caratterizzano la realtà esistenziale di questo o quel gruppo etnico.

In altri termini *le diversità vengono vissute come elementi di una poliedrica risposta alle istanze essenziali della vita*, quali quelle della convivenza, quelle della conoscenza della realtà e di sé, quella dei problemi di senso, ecc.

In questa prospettiva, l' "altra" cultura non si presenta come aggregato di dati conoscitivi da assimilare: si propone bensì *come "contesti di vita" che rendono possibile un confronto fra "persone"*, diverse per cultura ed etnia. Ciò non va inteso come idealizzazione della situazione scolastica gestita secondo questi criteri: la ristrutturazione delle *identità personali e culturali* non si verifica senza disagi, dal momento che si verificano sensibili mutamenti a livello di codifica cognitiva e simbolica della realtà. Però se l'interesse preminente degli insegnanti si dirige alla animazione di forme di reciprocità culturale, le possibili occasioni di conflitto intrapsichico e intersoggettivo non incideranno più di tanto sulla crescita di coscienze aperte e di soggetti disponibili al dialogo. Anzi, c'è da ritenere che il relativizzare la propria identità giovi a motivare il processo di decentramento, erodendo progressivamente ogni modalità di natura etnocentrica.

Si è fatto cenno sopra di *istanze essenziali della vita*: in breve, l'essere umano, come "persona", non attinge livelli di realizzazione che cercando di dare risposte a tali istanze. Questo dice che l'essere umano nativamente è sollecitato a realizzarsi e ciò farà corrispondendo istanze pertinenti la sua natura umana. Pensiamo alla *istanza conoscitiva*: il bisogno di conoscere e capire non è una caratteristica indotta, inerisce alla natura dell'uomo. Che le risposte a tale istanza si diversifichino è provato dalla antropologia: e le diversità sono anche marcate. Tuttavia rimane indiscutibile che l'universo degli esseri umani si protende a impossessarsi, in forme e con intensità conoscitive diverse, della realtà e di sé. Credo possibile valutare quella e le altre istanze quali *polarità verso le quali convergono, per lo più sotterraneamente, tensioni, desideri, interessi delle persone di ogni differente ambiente, etnia e cultura*.

È il momento di chiederci: quelle polarità possono essere assunte quali elementi di riferimento che consentano di impostare produttivamente il confronto fra modi di culture diverse? E ancora, è possibile utilizzare i costrutti disciplinari finalizzandone l'uso alla identificazione di risposte culturali (e, quindi, "diverse") alle istanze esistenziali che ineriscono gli esseri umani? Ove potessimo rispondere affermativamente si avrebbero disponibili ben definiti criteri coi quali dar corpo al ripensamento del curricolo.

Per una ulteriore decifrazione del rapporto pensabile fra *aree culturali* e quelle *istanze essenziali* cerchiamo di disporre elencativamente queste ultime. L'elenco viene stabilito in base a un criterio psicologico: pensando cioè al bambino e alla preminenza degli interessi che evolutivamente si affacciano nella sua vita. Quindi, c'è inizialmente l'*istanza conoscitiva*: è istanza sorretta dal bisogno di realizzazione e affermazione di sé. A ben guardare, sia pure gradualmente secondo i ritmi evolutivi della personalità del bambino, i saperi propri delle scienze, della matematica, della storia e geografia sono riconducibili sotto il comune denominatore di quella istanza. Farei seguire l'*istanza del comunicare ed esprimere*: è scientificamente provato che privare l'essere umano della possibilità di comunicare equivale a negargli il diritto di vivere. Dall'impossessamento della lingua materna all'apprendimento di forme più corrette e significative della lingua corre una continuità processuale che trova la sua matrice prima in quella istanza. Si parla di "matrice prima" perché la valenza sociale del linguaggio fa capire che quella istanza non si esaurisce nel corso degli anni, anzi rafforza la sua spinta motivazionale; alla stessa stregua ciò avviene per le altre istanze che qui elenchiamo. Lo si sa che si parla dell'arte come di un *medium* ideale per comunicare: quindi, anche per l'espressione estetica — nelle sue più disparate forme e in tutti i contesti culturali — c'è un preciso polo di riferimento nell'universo degli esseri umani.

Ricorda Aristotele che «l'uomo è adatto sin dalla nascita a vivere socialmente»: ecco, qui trova posto l'*istanza della convivenza*. Le risposte culturali a questa istanza sono molte e fra loro consistentemente diverse. Nei capitoli precedenti si sono avanzati concisi richiami alla lettura antropologica della organizzazione della famiglia. Scrive C. Lévi-Strauss (1967) che «la famiglia è l'emanazione, a livello sociale, di quei requisiti naturali senza i quali non ci potrebbe essere la società, né, in fondo, il genere umano». Il rimando a quella istanza è chiaro. Ma analogo discorso si può fare per la comunità sociale e politica. È palese che l'organizzazione della comunità si basa su regole e norme, che a ben considerare non sono che aspetti fenomenici dell'istanza di cui parliamo. Se l'esigenza a vivere in società è caratteristica che inerisce la natura dell'uomo, è evidente che quelle regole e quelle norme radicano in quella esigenza naturale.

È vero che le risposte delle culture sono diverse, ma se riusciamo a utilizzare queste risposte avendo come base di riferimento l'istanza della convivenza, è pensabile che nella scuola multiculturale non mancheranno continue occasioni di confronto, *che non divide bensì unisce.*

L'istanza del ritrovare un *senso della vita* non è postulabile solo per le società avanzate, ove scienza e tecnologia si protendono a "realizzare ciecamente tutti i possibili"; è evento comune agli esseri umani, i quali cercano risposte ai sostanziali problemi dell'essere e dell'esistere. Anche i membri delle società tribali manifestano questa istanza quando intendono fondare i loro comportamenti su "valori": infatti, osserva I.M. Lewis (1987), l'individuo «accoglie i frutti delle sue azioni ed è messo di fronte alla sua coscienza»; per cui, «il buono e il giusto ricevono la loro ricompensa ora, qui sulla terra». Dare significato alla vita è un sentimento che incoercibilmente sollecita individui e popoli a interpretare il mondo, sia in prospettiva religiosa che in dimensione etica. La gioia e il dolore, la nascita e la morte, ciò che è bene e ciò che è male: sono quesiti cui non si possono non dare risposte, la molteplicità e la diversità delle quali si iscrive nella multiculturalità. Ancora una volta si può rimarcare che quella diversità, proprio per essere interpretata, deve essere ricondotta all' "istanza" che la motiva. Per cui pare di poter dire che nella situazione scolastica multiculturale si profila una strategia educativo-didattica che, pur rispettando la natura delle singole culture, fa recuperare ai soggetti educandi l'intuizione di pertinenze umane comuni all'universo degli individui.

Una breve considerazione sulle *modalità di insegnamento* che si pongono in atto allorché nel contesto scolastico debbono giocare un ruolo i contenuti di sapere — specificati nel quadro delle culture diverse (l'esempio della storia o quello della esperienza letteraria e artistica è paradigmatico) — e le istanze che ineriscono la tensione autorealizzativa nella persona. Questa può risultare una procedura assai semplice quando si evidenzia l'*istanza conoscitiva*, che sospinge a decodificare gli aspetti della realtà. Si sa bene che la psicologia ha identificati comportamenti e tempi di manifestazione di tale istanza, per corrispondere la quale la istituzione scolastica utilizza i contenuti disciplinari, qui facilmente reperibili. C'è il mondo naturale quale oggetto di conoscenza: vi si dispiega tutto l'arco contenutistico proprio delle *scienze naturali* e della *matematica*. C'è il mondo umano, sulla poliedricità del quale l'istanza conoscitiva si deve esercitare. Passato e presente si caratterizzano in modo diverso: le *storie dei popoli* sono dissimili, come sono dissimili le forme di ambientamento sul territorio. Quindi l'insegnamento di storia e di geografia (particolarmente quella antropica) va proposta con procedure flessibili, che, mentre segnalano le diversità, sollecitano costantemente a ritrovare appunto nelle diverse concretizzazioni l'afflato comune, che sospinge l'uomo a esplorare la realtà.

Analoghe riflessioni sono riferibili alla *istanza del comunicare e esprimersi*. Si è già dedicata attenzione al linguaggio e si sono progettate possibili soluzioni per l'insegnamento/apprendimento della seconda lingua e per il rafforzamento della lingua di origine. Aggiungiamo però che la comunicazione in situazione multiculturale «implica sempre persone, che mediano i rapporti fra culture diverse» (M.L. Secco, 1991, p. 95): quindi, il linguaggio è fattore primario sia di vitali flussi interattivi, sia di comprensione e di rispetto delle diversità che connotano la competenza comunicativa di soggetti appartenenti a gruppi culturali e etnici diversi. Didatticamente ciò è notevole: il dialogo, sollecitato e orientato dai docenti, è strumento efficace nella educazione interculturale.

Non si perda di vista il valore delle *espressioni letterarie*, *musicali-ritmiche, figurative, pittoriche* specifiche delle diverse culture. Ogni stile artistico espressivo è in relazione ai modi di pensare propri dell'etnia e della singola civiltà. Gli individui si riconoscono nella tradizione artistica del loro popolo e questo li fa portatori, per lo più inconsapevoli, dei significati della esistenza. A ragione di ciò, il confronto fra espressioni letterarie e artistiche in genere, riferibili alle culture rappresentate nell'ambiente e nella scuola, risulta momento fecondo di incentivazione del riconoscimento della diversità quale valore. In sostanza, consentirà — in riferimento all'istanza del comunicare e esprimersi — di riconoscere valore e significato alle epressioni, qualunque sia la loro matrice culturale, evitando di condannare a priori come "non arte" le espressioni letterarie, pittoriche, ecc. di altri popoli.

L'*istanza della convivenza* si manifesta particolarmente nel comportamento sociale e nelle manifestazioni emotivo-affettive. Il campo disciplinare riferibile è vasto e implica *educazione morale, sociale e civica*; quindi, rimanda alle modalità della vita familiare, nonché alle forme di organizzazione della società. Il ventaglio di tali forme e di tali modalità va dalla società e dalla famiglia tribale allo Stato quale organizzazione politica. Indubbiamente nella scuola multiculturale tale ampiezza delle diversità può risultare limitativa nei confronti della ricerca di ciò che accomuna rispetto a ciò che divide. Spesso le forme di organizzazione della convivenza si caricano di spirito idelogico e ciò induce a preclusioni pregiudiziali verso altre forme. Non è indifferente l'incidenza assiologica: nelle culture di origine i valori trasmessi, di solito, sono stati assunti dogmaticamente e gli individui che ne sono portatori hanno scarsa disponibilità al confronto e alla comprensione verso altri.

Resta fermo che con l'insegnamento si prenderanno in considerazione organizzazione socio-politica e quadri valoriali almeno delle culture rappresentate nella scuola. Ciò si farà con animo aperto, scevro da pregiudiziale criticismo. Gli allievi debbono avvertire negli stimoli dell'insegnante genuinità morale e interesse conoscitivo. In questo clima può essere avviato il confronto. Indichiamo alcuni obiettivi da conseguire: «sviluppare un senso di responsabilità e solidarietà sociale; persuadere all'osservanza di principi di uguaglianza; incoraggiare a capire e spiegare fatti, opinioni, idee; sviluppare una comprensione critica dei problemi della convivenza a livello nazionale e internazionale» (J. Lynch, 1992, p. 95).

Rimane l'istanza che mira a *dare significato alla vita*. Qui l'aggancio ai contenuti del quadro curricolare non è contenibile in questa o quella disciplina di studio. Contributi per impostare risposte convincenti a tale istanza vengono dal complesso delle attività educative. Un riferimento limite: le gesta di un personaggio della storia possono incentivare o deprimere la coscienza impegnata nello sforzo di assumere ragioni legittimanti l'esistenza e gli eventi che la colorano. Analogamente, regole della convivenza, quali ad esempio quelle della giustizia sociale, possono favorire l'affermarsi di comportamenti coerenti con le finalità del bene di ciascuno e di tutti. Sarà interessante rilevare come le diverse forme della convivenza di cui sono portatori consentono agli allievi, immigrati e non, di formulare considerazioni e giudizi sugli eventi che punteggiano l'esistenza.

L'istanza del "significato della vita" trova nelle religioni accentuata corresponsione. Pertanto l'insegnamento religioso assume una marcata rilevanza educativa. Nella situazione multiculturale tale insegnamento va coordinato nell'ambito della pluralità delle religioni. Si potrà ritenere che tale pluralità possa caratterizzarsi come ostacolo al confronto e al dialogo fra soggetti portatori di religioni fra loro diverse. «Il pluralismo culturale, intendendo per culturale anche il religioso, è la grande sfida che deve affrontare il cristiano nel mondo contemporaneo. Automaticamente egli si trova dimensionato e la sua fede diventa la tradizione particolare in cui è stato educato. Deve essere capace di adesione, fermezza, coerenza, ma anche di apertura, di progresso, di dialogo, riconoscendo che questa è la condizione esistenziale della sua fede, di qualsiasi fede. Ha diritto all'apologetica, ma questa non deve distruggere gli altri, deve imparare a vivere nel rispetto e nella edificazione reciproca» (dalle "Carte Rossano" 1985, cit. in E. Ducci, 1992).

Le indicazioni qui sopra riportate e concernenti le linee di un ripensamento del curricolo da porre a capo delle attività della scuola che accoglie anche allievi immigrati vogliono favorire l'evoluzione della pratica didattica per adeguarla alle esigenze del pluralismo culturale. È pacifico che tale ristrutturazione vada condotta in parallelo alla conoscenza delle caratteristiche delle culture rappresentate dagli allievi immigrati, cercando di evitare la meccanica trasposizione di criteri psicologici e didattici dal contesto educativo per gli autoctoni ai comportamenti conoscitivi e relazionali degli allievi del gruppo minoritario. Tuttavia non va perso di vista il criterio cui ispirare le molteplici iniziative didattiche: cioè, guidare gli allievi al riconoscimento di «permanenze universali al di là delle infinite differenziazioni manifeste» (M.T. Moscato, *op. cit.*, p.78).

3. REVISIONE DEI METODI

Il ripensamento del curricolo va accompagnato da un'analoga revisione dei metodi didattici, nonché degli atteggiamenti degli insegnanti nei riguardi della partecipazione degli allievi alle attività della scuola. Ciò non solo perché la scolarizzazione vissuta dagli allievi immigrati nel paese di origine è stata condotta sulla base di curricoli affatto coincidenti con quelli propri del nostro sistema scolastico, ma anche perché — appunto a ragione dei caratteri peculiari della cultura di quel dato popolo — il rapporto educativo viene declinato con atteggiamenti dal significato difforme da quello che contrassegna il modo di essere di insegnanti e allievi nelle nostre scuole. Solo due scarni riferimenti di carattere transculturale.

Si osserva che nella situazione educativa multiculturale il curricolo dovrebbe prevedere l'uso di approcci didattici comparativi. Non è dubbio che debba essere così, non foss'altro che per promuovere il convincimento che nessun gruppo etnico può vantare il monopolio del talento e del valore. Banks nota che si dovrebbe insegnare che «le persone appartenenti a qualsiasi gruppo culturale e etnico, hanno comuni caratteristiche e esigenze, anche se esse sono differentemente condizionate da specifiche situazioni sociali e possono utilizzare mezzi differenti per conseguire gli obiettivi che si sono ripromesse» (J.A. Banks, *op. cit.*, p. 287).

Diciamo che tale approccio comparativo è coerente con la struttura che, nelle pagine precedenti, si è disegnata per il curricolo ripensato: e ciò anche sotto l'aspetto procedurale. Infatti, la comparazione non si pone come criterio normativo, ha bensì carattere descrittivo e analitico: il riferimento alle "istanze essenziali", lo si è visto, non intende provocare giudizi sanzionatori la validità o meno di questi o quei valori culturali. Gli obiettivi sono il confronto e l'analisi spassionata e serena dei significati dei modi di essere: il diritto alla diversità è intangibile.

Ancora Banks (*idem*) suggerisce che «le situazioni sociali e gli eventi inclusi nel curricolo dovrebbero essere analizzati dai punti di vista dei gruppi minoritari anziché interpretati mediante un'analisi di parte. Tale approccio consente agli allievi di rilevare i modi nei quali le vite di membri di differenti gruppi etnici siano simili e fra loro correlate (...) Studiando argomenti quali il potere e la politica, l'etnicità e la cultura da prospettive multietniche e con metodo comparativo aiuteremo gli allievi a sviluppare una più realistica comprensione di come quei fattori condizionino ciascuno di noi».

Sul piano metodologico merita attenzione un altro aspetto. Lo scopo dell'educazione interculturale è di favorire un'interazione fra soggetti appartenenti a etnie e culture diverse: un'interazione che disponga alla convivenza nella reciproca accettazione. Per motivare questa disponibilità si dovrà facilitare il confronto, aiutando a cogliere i significati essenziali delle diverse culture. Ci si chiede se, metodologicamente, tale obiettivo di facilitazione sia sempre ottenibile adottando i metodi di insegnamento coi quali si assume che, per guidare alla comprensione delle caratteristiche peculiari delle culture, sia sufficiente utilizzare una singola disciplina. Ogni evento umano è complesso e i tratti della sua natura sono interpretabili solo se muoviamo da un punto di osservazione multidisciplinare. Relativamente al curricolo, sopra si è fatto riferimento, ad esempio, all'istanza della convivenza. Chiediamoci: questo rilievo basta per dare esauriente spiegazione dell'istanza della convivenza considerata nelle sue concretizzazioni nel tessuto transculturale? La risposta non può essere che negativa: sulle manifestazioni di tale istanza giocano ruoli non secondari la concezione che ci si è fatta della vita, gli aspetti ecologici dell'ambiente, l'idea di socialità, i livelli di sviluppo culturale e educativo, il grado di crescita economica, ecc.

Tutto ciò dice che l'approccio multidisciplinare deve essere ritenuto come un procedimento didattico che può facilitare agli allievi interpretazioni e valutazioni non distorte delle manifestazioni che soggetti di culture «altre» propongono.

Dedichiamo ora spazio a discipline quali la storia e la matematica.

È noto che l'*insegnamento della storia* ha costituito sempre un problema educativo. Ed è facile intuirne le cause: la storia, intesa come ricerca storiografica, non può essere risolta in un insegnamento che dispensi informazioni su eventi e personaggi del passato. Si dice che deve essere «anzitutto promozione della capacità di ricostruzione della immagine del passato muovendo dal presente e di individuazione delle connessioni tra passato e presente». Quindi un compito educativo non secondario. Se si aggiunge che quel compito va esperito in una situazione scolastica multiculturale, si profila la difficoltà di trovarsi di fronte a tante "storie" quante sono le culture di appartenenza degli allievi immigrati.

Si presentano rischi diversi: si insegna la storia nel contesto degli eventi che segnano il passato del popolo che accoglie gli immigrati. Si è già notato che questa è una soluzione improvvida: la nostra storia può suscitare interesse nell'immigrato solo se la si compara continuamente con gli eventi del popolo cui il medesimo immigrato appartiene. Non meno sterile è dedicare tempi all'insegnamento della storia agli autoctoni e tempi dedicabili alle diverse "storie" dei popoli di appartenenza degli allievi immigrati. In questo caso, si viene meno all'impegno di educare alla reciproca accettazione che consegue solo a un continuato e aperto confronto fra culture. Non pare ci si possa sottrarre al criterio comparativo. Ossia si dovrebbero guidare gli allievi a comprendere eventi e personaggi interpretandoli tramite le prospettive delle diverse culture. Sicuramente è una modalità didattica complessa: non è sufficiente conoscere aspetti e eventi della storia del paese di accoglienza e quelli concernenti i diversi gruppi etnici. Si dovranno possedere criteri di interpretazione che guidino gli allievi, non tanto a "etichettare" l'evento o il personaggio come *giusto* o *ingiusto*, bensì a ricavare da quei fatti storici *elementi utili a tracciare coordinate di un comportamento umano coerente con la dignità della persona e i diritti dei popoli*.

Oltretutto, lungo tale itinerario di istruzione la scuola contribuirebbe a prevenire le traumatiche alterazioni dei rapporti fra autoctoni e gruppi etnici minoritari. Infatti, tale impostazione dell'insegnamento storico dovrebbe gradatamente erodere le tensioni etnocentriche, favorendo la capacità di decentramento culturale. Quindi, l'insegnamento della storia non va riguardato come trasmissione di informazioni: nella situazione multiculturale l'attenzione dell'educatore va ai giudizi che si possono formulare su cause e effetti delle molteplici manifestazioni del processo storico dei popoli. Come sempre l'obiettivo cui mirare è la formazione della persona: in questo caso della persona intrisa in un contesto storico, del quale essa deve divenire interprete e giudice.

Per l'*insegnamento della matematica* avanziamo osservazioni deducibili da una ricerca effettuata sull'apprendimento matematico in USA, in Giappone e in Cina. Perché qui si assume un criterio specificamente transculturale? Ci pare che le rilevazioni che qui esporremo possano sollecitare gli insegnanti a tener conto che gli allievi immigrati già scolarizzati nel paese di provenienza hanno partecipato alle attività di apprendimento matematico; di conseguenza pare logico chiedersi se le procedure e le modalità didattiche di tale partecipazione apprenditiva siano simili o dissimili da quelle che solitamente si attivano nelle nostre scuole. Ove siano dissimili si pone il problema di comportamenti didattici che non conflittino con quelli esperiti dagli allievi nelle scuole dei loro paesi. È ovvio che ciò vale per tutti i campi dell'insegnamento: l'esempio del quale qui parliamo ha solo valore indicativo.

La ricerca cui ci si richiama è stata esperita su un campione di 5.524 alunni in 160 classi dalla 1ª alla 5ª elementare. I test includevano il problema, l'assimilazione di parole nuove, operazioni, conoscenza concettuale, stima, misura, visualizzazione, trasformazione della immagine mentale, calcolo mentale, capacità mnemonica concernente i numeri. Ci si è mossi da una ipotesi: gli asiatici, almeno a livello di scuola elementare, manifestano una superiorità nel profitto matematico. Superiorità non solo nel calcolo, bensì anche nel ragionamento matematico. Dai dati della ricerca si ricavano questi elementi: gli alunni giapponesi e cinesi spendono più tempo degli americani nella scuola e la maggioranza delle attività scolastiche si svolgono sotto il diretto controllo e supervisione dell'insegnante. All'inverso risulta che gli americani curano più l'apprendimento individuale che il lavoro con l'intera classe.

Si aggiunga che nelle culture asiatiche le classi sono organizzate più gerarchicamente che negli Stati Uniti, ed è l'insegnante a gestire la situazione. Ai piccoli cinesi (notiamo che la ricerca è stata svolta nelle scuole di Taiwan e Taipei) si chiede la pronta e accurata performance e la pronta e giusta risposta; inoltre essi dedicano più pratica al rapido calcolo mentale. Si segnala anche che nelle culture asiatiche, ma particolarmente nelle scuole giapponesi, l'intera classe lavora insieme, discutendo senza evadere dai limiti del compito; cosicché l'allievo parla pubblicamente della soluzione sbagliata nella quale è incappato, non temendo di essere ridicolizzato dai compagni. Anzi, egli si attende da loro un sostegno per addivenire alla giusta soluzione. Ancora, gli insegnanti asiatici sono più propensi a credere che tutti i bambini, col loro personale impegno, possano trarre vantaggio da una uniforme esperienza di insegnamento. Non così gli americani — e in certa misura gli europei —, i quali ritengono che l'educazione appropriata per un alunno non sia immediatamente trasferibile ad altri alunni; per cui, la strategia didattica dominante risulta quella della individualizzazione (cfr. J.W. Stigler and M. Perry, 1990).

4. Interpretare il feedback degli allievi

Nelle relazioni che si instaurano nella scuola acquista rilievo il *feedback* degli allievi: in sostanza, le informazioni che provengono dai comportamenti degli allievi possono indurre gli insegnanti a adeguare o rettificare il proprio modo di insegnare. Questo meccanismo psicologico si attiva senza soverchie difficoltà nelle classi composte da soli allievi autoctoni. Se il rapporto educativo corre fra insegnante e immigrati, la percezione degli atteggiamenti di feedback è meno agevole, perché questi soggetti sono portatori di comportamenti scolastici assimilati nelle scuole del paese di origine. Per cui agli insegnanti verrebbero meno criteri di interpretazione dei comportamenti di "retroazione". La difficoltà è superabile acquisendo informazioni sugli aspetti particolari dei comportamenti che segnano il rapporto allievi/insegnante nelle scuole di origine dei soggetti immigrati.

A titolo esemplificativo riportiamo qui le rilevazioni compiute dalle ricerche transculturali. Sarà bene avvertire che non si devono sovrastimare le informazioni relative alle diversità culturali: il rapporto intersoggettivo trova sempre correttivi nelle espressioni della soggettività. Le osservazioni e le rilevazioni fanno riferimento a aspetti del feedback. Questi: 1) come gli insegnanti interpretano i comportamenti coi quali gli allievi segnalano che essi fanno attenzione e comprendono i punti di vista che i docenti esprimono con le loro lezioni; 2) come docenti e allievi percepiscono apprezzamenti e critica; 3) come gli allievi giudicano la correzione degli errori; 4) come gli allievi formulano richieste di chiarimento e come l'insegnante interpreta il significato di tali richieste; 5) come gli insegnanti richiamano l'attenzione sul comportamento di un allievo di fronte ai compagni di classe; 6) come l'insegnante pone le domande per accertare i livelli di comprensione nell'allievo e come l'allievo risponde.

Come si vede, il campo è vasto e l'analisi delle variabili che in quello interagiscono sono numerose. Prenderemo in considerazione solo alcuni motivi con lo scopo di accentuare l'interesse ai problemi didattici in prospettiva transculturale.

Come interpretare il feedback dell'allievo: ad esempio, gli allievi originari di paesi latini possono evitare di guardare l'insegnante mentre egli parla, ma ciò può indicare rispetto e non disinteresse o sfida. Cenni della testa segnalano che gli allievi asiatici ascoltano cortesemente, non necessariamente comprendendo ciò che l'insegnante spiega. Oppure, il sorriso di questi allievi può semplicemente dire che essi sono gentilmente disposti ad ascoltare l'insegnante e non che essi siano d'accordo. Gli allievi asiatici sono educati a controllare le loro emozioni, tanto che i genitori puniscono i figli che non riescono a esercitare tale controllo.

Come sono recepiti apprezzamenti e critiche: diversamente da ciò che accade nella scuola americana ove, se l'allievo non riceve lodi dall'insegnante arriva a pensare di aver commesso qualcosa di sbagliato, gli allievi asiatici possono giudicare la frequente lode verbale come insincera. La lode potrebbe anche causare in qualche allievo vergogna, in quanto l'umiltà è ritenuta una virtù in molte culture asiatiche. Dice S. Iwatake (1978) che «gli asiatici con il loro forte senso di umiltà si sentono a disagio nell'accettare gli apprezzamenti; così tendono a respingerli sentendosene indegni». Al contrario, soggetti dei paesi latini sono favorevoli a esprimere e ricevere giudizi positivi, come "giusto", "bene", ecc. Alcuni arabi possono ritenere come offensivo che l'insegnante poggi la mano sulla spalla dell'allievo in segno di approvazione: ciò particolarmente se l'allievo è d'opposto sesso. Diversità emergono anche riguardo all'atteggiamento critico, specie se l'insegnante lo manifesta apertamente di fronte a tutta la scolaresca. Ciò si riscontra in Messico, in Arabia Saudita e in non pochi altri paesi latini.

La correzione degli errori: diversità corrono nelle varie culture anche riguardo ai modi di accoglimento delle correzioni che gli insegnanti fanno sui compiti o durante le interrogazioni degli allievi. Nota J. Thompson (1987): «Il tradizionale sentimento di considerazione dei giapponesi per l'autorità e la formalità è in tono con le lezioni gestite dall'insegnante, allorché si dà molta attenzione alla risposta corretta e all'apprendimento di regole». Un carattere saliente dell'educazione cinese è il tenace interesse per la correttezza.

Il porre domande agli insegnanti: con livelli di maggiore o minore frequenza, si nota che nelle culture occidentali gli allievi sono desiderosi di porre domande agli insegnanti quando non ne comprendono le lezioni. Molti allievi asiatici sono riluttanti a chiedere chiarificazioni; parimenti a studenti di qualche paese latino, essi temono che tale comportamento possa apparire aggressivo e sfacciato. In capitoli precedenti si è parlato brevemente delle "scuole coraniche", obiettivo principale delle quali è la memorizzazione e la padronanza dei sacri testi; inoltre, la recitazione senza la comprensione è incentivata, specie nelle prime esperienze del bambino. Ciò dice che allievi che provengono da quelle esperienze si mostreranno riluttanti a sollecitare l'insegnante a chiarire aspetti della lezione. Scrive a proposito D. Levine (1982) che «un allievo saudita, alla richiesta dell'insegnante di esprimere ciò che pensa, risponde meccanicamente. Ciò non è prova di incapacità a manifestare un proprio modo originale di pensare, riflette bensì una forma di educazione che scoraggia il pensiero indipendente». Quando l'insegnante si propone di porre domande agli allievi per accertare se hanno compreso il compito di apprendimento si possono avere manifestazioni fra loro diverse. Gli asiatici non sono disposti a rispondere volontariamente perché ciò costituirebbe un atto di esternazione della propria conoscenza: invece a loro è stato insegnato a essere umili. Si aggiunga che quegli allievi sono anche portati a giudicare la risposta sbagliata non solo come umiliazione personale per loro, ma anche come vergogna per la loro famiglia. Si è osservato anche il *wait time*, ossia il tempo che gli allievi prendono prima di rispondere alle domande dell'insegnante; ciò perché si è rilevato che sovente questo tempo è causa di non appropriati apprezzamenti dell'insegnante nei confronti dell'allievo. Gli asiatici per lo più ritengono atto di cortesia e di rispetto fare pausa e riflettere prima di rispondere o commentare. Al contrario, non è inusuale che un allievo saudita corra a fianco dell'insegnante rispondendo a voce alta: il tono della voce per l'arabo è segnale di forza.

Nella cultura araba le pronte risposte alle domande indicano interesse e coinvolgimento attivo, non aggressività. Tanto che sono consentite anche le interruzioni: l'insegnante è disponibile a rispondere amichevolmente.

Questi riferimenti a atteggiamenti propri della vita educativa della classe sono indicativi e intendono solo richiamare l'attenzione sulle modalità di comportamento che gli immigrati continuano a manifestare anche nelle nostre scuole. Occorre quindi flessibilità allo scopo di evitare di accendere ulteriori forme di disagio psicologico che inciderebbe negativamente sulla disponibilità dell'allievo immigrato alla partecipazione alle attività educative della scuola.

Conclusioni

Progettare un piano educativo non è impresa di poco conto, anche nella situazione scolastica monoculturale. Diviene compito complesso se, agli allievi autoctoni si uniscono immigrati appartenenti a etnie e culture "diverse". Ove poi si assegnino all'educazione nuovi obiettivi a ragione della prospettiva che indica nella *società multiculturale* la forma di convivenza che si viene configurando, l'impegno educativo assume qualificazioni che vanno oltre le categorie della tradizionale professionalità.

Se si interpreta questa condizione alla luce della storia dell'educazione si ha modo di rilevare gli accelerati ritmi di mutamento che hanno segnato la vita educativa della scuola. I primi passi della scuola obbligatoria sono stati compiuti in spazi accentuatamente ristretti: era la scuola dell'imparare a leggere e a scrivere e della assimilazione di poche nozioni morali e pratiche che aiutavano l'individuo a inserirsi nell'ambiente. Questo limitato orizzonte si andò progressivamente slargando via, via che la scuola di tutti assumeva il ruolo di istituzione che non mira tanto a abilitare quanto a formare: prima dell'addestramento del contadino o dell'operaio va coltivata l'esigenza umana e sociale della persona. Gli ultimi anni hanno scandito un ulteriore ampliamento dell'orizzonte: la scuola che fino ad ora esauriva il suo compito negli spazi culturali del nostro popolo e, al più, in non sistematici riferimenti alle più notevoli espressioni delle culture occidentali, si trova a fronteggiare un nuovo rapporto, quello appunto con culture e etnie che erano conosciute solo per il tramite di manifestazioni folcloriche o per la diffusività di radicati pregiudizi.

In sostanza, c'è una prospettiva di società multiculturale che condiziona l'operato della scuola: se il tessuto della convivenza va ricostituendosi per l'inserimento di soggetti portatori di culture diverse e se questi ultimi debbono venire accolti non per essere integralmente assimilati nella cultura del nostro Paese, bensì per promuoverne una integrazione rispettosa delle loro peculiarità etniche e culturali, è certo che la scuola non possa attuare forme di educazione che disattendano il riconoscimento del diritto di affermare identità personale e culturale.

La multiculturalità non si delinea come sopravvivenza di molte culture reciprocamente esclusive e, come tali, che non si rispettano. Occorre andare oltre la semplice "tolleranza" e saper accettare e comprendere le "diversità": il rispetto verso queste non ci chiede di condividerle. Esige, invece, la consapevolezza che quelle culture "diverse" rispecchiano concezioni e comportamenti che corrispondono quelle che, nelle pagine precedenti, abbiamo identificate come *istanze essenziali* dell'umanità. Di ciò vi è un risvolto psicologico da non trascurare: «La richiesta di riconoscimento dell'uguale valore di culture diverse è espressione di un bisogno umano fondamentale, profondo e universale, quello di essere accettati; e il sentirsi accettati in questo modo, sia nella propria particolarità etnica, sia nelle proprie potenzialità universalmente umane, è una componente essenziale di un forte senso di identità» (S. Rockefeller, 1993).

Sotto questo angolo visuale si intuisce il mutamento cui la scuola è chiamata: la condizione multiculturale induce a focalizzare il *curricolo* (e, quindi, a impostare in modo diverso l'attività educativa), sulle «diversità» etniche e culturali. Il sapere organizzato, ossia le discipline, mantiene il ruolo che gli è proprio, cioè di strumento di potenziamento del pensiero; tuttavia andrà declinato nel quadro del più vasto ambito di soggetti portatori di culture diverse. Ciò al fine di attivare un'opera educativa che muti nello spirito e nei metodi: la multiculturalità trova nel dialogo e nel confronto le più propizie categorie relazionali. Particolarmente il confronto è una modalità relazionale che irrompe nella scuola, alterando tradizionali consuetudini: confrontarsi significa manifestare e esporre all'interlocutore i nostri comportamenti e i nostri modi di pensare e giudicare, di valutare sé e i propri simili. Quando tale evento non si concreti in una continuata interazione fra persone, sia pure di diversa appartenenza culturale, è da presumere che il rifiuto, tacito o esplicito, al confronto discenda dalla presunzione di monopolizzare il vero e il giusto.

A questi e ad altri motivi ci siamo richiamati nello stendere le pagine di questo volume. Sostanzialmente le considerazioni riportate si addensano in ordine a due esigenze immediatamente riconducibili ai flussi interattivi che debbono animare la vita della scuola: quella della *progettualità* e quella *psicologica*. Sono mutate le variabili della situazione scolastica per l'immissione di immigrati e hanno assunto qualificazioni diverse le finalità educative, perché l'obiettivo primario della scuola diviene l'educazione che promuova la capacità di convivere con le «diversità» etniche e culturali: in questa nuova dimensione la progettualità gioca un ruolo fondamentale. Infatti, si impone una attenta ristrutturazione del curricolo al fine di renderlo idoneo a corrispondere gli obiettivi della educazione interculturale.

Ma quella progettualità risulterebbe sterile ove non si avesse chiaro che si devono certo progettare ambiti, metodi, tempi della trasmissione del sapere, ma ciò va condotto sulla misura della identità personale e culturale degli allievi, sia immigrati che autoctoni. Qui il ricorso ai dati offerti dalla *psicologia transculturale* è indispensabile: tali dati consentono di conoscere e interpretare particolarmente i comportamenti degli allievi immigrati, sia che essi vengano letti nel quadro della cultura di origine, sia che vengano confrontati con i modi della cultura del nostro Paese. Questa duplice lettura dovrebbe condurre alla delineazione del profilo proprio di ogni allievo immigrato, disegnato non tanto con l'astratto rimando ai caratteri peculiari dell'ambiente di origine, bensì per la concreta rilevazione della reattività che costui — portatore di una cultura "altra" — manifesta in una realtà nuova che di momento in momento lo stimola e lo condiziona.

La complementarità che correla progettualità e dati della ricerca psicologica transculturale pare proporsi come fattore di cui anche la nostra scuola deve sapersi avvalere. Oltre tutto, sarà favorita la individuazione di quegli "universali" che, pur fra le molte differenziazioni, rendono possibili a persone di culture diverse di condividere e vivere orizzonti comuni.

BIBLIOGRAFIA

AA.VV., "I diritti umani nella società multiculturale", in *Continuità e scuola*, 1993, 2.
AA.VV., *La scuola nella società multietnica*, Brescia, La Scuola, 1994.
AA.VV., *Il bambino colorato*, Firenze, La Nuova Italia, 1990.
ABDALLAH-PRETCEILLE, M., *Vers une pédagogie interculturelle*, Paris, INRP, Sorbonne, 1990.
BALDUCCI, E., *La terra del tramonto*, Fiesole, Cultura della pace, 1992.
BANKS, J. A., *Multiethnic Education. Theory and practice*, Boston, Allyn and Bacon, 1988.
BARRY, H., BACON, M., CHILD, J., *A cross-cultural survey of some sex differences in socialization*, in Journal of Abnormal and Social Psychology, 1957, 55.
BENEDICT, R., *Modelli di cultura* (1934), Milano, Feltrinelli, 1970.
BERLIN, B. and KAY, P., *Basic color terms: Their Universality and evolution*, Berkeley, CA, University of California Press, 1969.
BERRY, J. W., POORTINGA, Y. H., SEGALL, M. H., DASEN, P. R., *Cross-cultural psychology. Research and application*, Cambridge, University Press, 1992.
BERRY, J. W., KIM, U., "Acculturation and mental health", in Dasen, Berry, Sartorius (eds.), *Cross-cultural psychology and health. Towards application*, London, Sage, 1988.
BOBBIO, N., *L'età dei diritti*, Torino, Einaudi, 1990.
BOSCOLO, P., "Intelligenza e differenze individuali", in PONTECORVO C. (a cura), *Intelligenza e diversità*, Torino, Loescher, 1981.
BOSSEL-LAGOS, M., *Catégorisation et prototypicalité: ètude interculturelle, Cahiers Latinoamericains*, 1991.
BRISLIN, R.W., ed., Intercultural Interaction. A practical guide, London, Sage Publications, 1986.

BRONFENBRENNER, U., "Ecologia dello sviluppo umano", Bologna, Il Mulino, 1986.
BRUNER, J.S., *Studi sullo sviluppo cognitivo*, Roma, Armando, 1968.
CALASSO, M. G., "Educazione interculturale e scuola", in OPERTI, L. e COMETTI, L., *Verso un'educazione interculturale*, Torino, Bollati, 1992.
CALLARI GALLI, M., *Antropologia e educazione*, Firenze, La Nuova Italia, 1975, p. 105.
CALLARI GALLI, M., "Per un'educazione all'alterità", in: POLETTI, F., a cura, *L'educazione interculturale*, cit.
CAMILLERI, C., *Anthropologie culturelle et éducation*, Lausanne, Delachaux-Niestlé, 1985.
CAMILLERI, C., "Le condizioni di base dell'interculturale", in AA.VV., *Verso una società interculturale*, Bergamo, CELIM, 1992.
CASSANO, F., *Approssimazione. Esercizi di esperienza dell'altro*, Bologna, Il Mulino, 1989.
CAVALLI SFORZA, L.L., FELDMAN, M., *Cultural transmission and evolution. A qualitative approach*, Princeton, University Press, 1981.
CESARI, V., "La dimensione interculturale nell'educazione», in POLETTI, F., a cura, *op. cit.*
CHAMOUX, M.N., "Apprendre autrement: Aspects des pédagogies dites informelles chez les Indiens du Mexique", in ROSSEL, P. (ed.), *Demain l'artisanat?*, Paris, Presses Universitaires de France, 1986.
CHEIKH TIDIANE SALL, "La scuola senegalese di fronte alla sfida di una società multiculturale", in TASSINARI, G., a cura, *Scuola e società multiculturale*, Firenze, La Nuova Italia, 1992.
CLANET, C., *L'interculturel*, Université Toulouse, Toulouse, Le Mirail, 1990.
COLE, M., GAY, Y., GLICK, J.A., SHARP, D.W., *The cultural context of learning and thinking: An exploration in experimental anthropology*, New York, Basic Books, 1971.
COLE, M. AND SCRIBEN, S., *Culture and thought: A psychological introduction*, New York, Wiley, 1974.
DALLA TORRE, G. E DI AGRESTI, C., *Società multiculturale e problematiche educative*, Roma, Studium, 1992.
DASEN, P.R., e altri, "N'glouèlê, l'intelligence chez les Baoulé", in *Archives de Psychologie*, 1985, 53.
DASEN, P.R., INHELDER, B., LAVALLÉE, M., RETSCHITZHI, J., *Naissance de l'intelligence chez l'enfant Baoulé de Côte di Ivoire*, Berne, Hans Heber, 1986.

De Carlo, S., "Ipotesi per una pedagogia interculturale", in Tassinari, G., *op. cit.*

Demetrio, D., *Immigrazione e pedagogia interculturale*, Firenze, La Nuova Italia, 1992.

Demetrio, D., Cacceva, M., "Diversità e tolleranza", in: *Scuola e Città*, 1993, 11.

Deregowski, J.B., "Pictorial perception and culture", in *Scientific American*, 1972, 11.

Désalmand, P., *Histoire de l'éducation en Côte d'Ivoire*, Paris, Hatier-L'Harmattan, 1983.

Devereux, G., *Saggi sulla etnopsicanalisi complementarista* (1972), Milano, Bompiani, 1975.

Dirigenti Scuola, numero monografico su "Immigrazione e integrazione", 1991, 4.

Ducci E., "Ipotesi di convergenze interculturali", in Dalla Torre, G. e Di Agresti, C., *Società multiculturale e problematiche educative*, Roma, Studium, 1992.

Dyal, J.A., "Cross-cultural research with locus of control construct", in Lefcourt R. (ed.), *Research with the locus of control construct*, New York, Academic Press, 1984.

Dyson F., *Turbare l'universo*, (1979), Torino, Boringhieri, 1981.

Eckensberger, L.H., "The necessity of a theory for applied cross-cultural research", in: Cronbach, L.H., Drenth, P.J.D., (eds.), *Mental tests and cultural adaption*, Mouton, The Hagne, 1972.

Edwards J., "The social and political context of bilingual education", in: Samuda, Berry, Laferrière, (eds.), *Multiculturalism in Canada: Social and educational perspectives*, Toronto, Allyn and Bacon, 1977.

Eibl-Eibesfeldt, J., *Etologia umana. Le basi biologiche e culturali del comportamento*, Torino, Bollati-Boringhieri, 1993.

Evans, J.L. and Segall, M.H., "Learning to classify by color and by function: A study of concept-discovery by Ganda children", in *Journal of Social Psychology*, 1969, 77.

Favaro, G., a cura, *Italiano come seconda lingua*, Milano, Angeli, 1987.

Ferrarotti, F., *La tentazione dell'oblio. Razzismo, antisemitismo e neonazismo*, Bari, Laterza, 1993.

Galli, N., *Educare nella società complessa*, Brescia, La Scuola, 1991.

Gay, J., and Cole, M., *The new mathematics in an old culture*, New York, Holt Rinehart Winston, 1967.

Geertz, C., *Interpretazione di culture*, (1973), Bologna, Il Mulino, 1987.

GRINBERG, L. E R., *Psicanalisi dell'emigrazione e dell'esilio*, Milano, Angeli, 1990.
HERSKOVITS, M.J., *A Theory of Culture*, New York, Knopf, 1948.
HERSKOVITZ, M., "Statement of human rights", in *American Anthropologist*, XIX, 1947.
INKELES, A., SIMTH, D.H., *Becoming modern*, Cambridge, Harvard University Press, 1974.
IRRSAE PIEMONTE, *Verso una educazione interculturale*, Torino, Bollati-Boringhieri, 1992.
JAHODA, G., "A note on Ashanti names ad their relationship to personality", in *British Journal of Psychology*, 1954, 45.
JWATAKE, S., "Bridging the Asian cultural gap", in ILYN, D., TRAGARDH, T., (eds.), *Classroom practices in adult ESL*, Washington D.C., Tesol, 1978.
KARDINER, A., *L'individuo e la sua società*, (1939), Milano, Bompiani, 1965.
KEATS, D.M., "Cultural bases of concepts of intelligence: A Chinese versus Australian comparison", in SUKONTASARP, P., E ALTRI (eds.), *Proceedings of the Second Asian Workshop on Child and Adolescent Development*, Bangkok, Burapasilpa Press, 1982.
KNAPEN, M.T., *L'enfant Mukongo. Orientation de base du système éducatif et dévelopment de la personnalité*, Louvanium, Nauwelaerts, 1970.
LAMBERT, W.E., "The effects of bilingualism on the individual: cognitive and sociocultural consequences", in HORNBY P.A., (ed.), *Bilingualism: Psychological, social and educational implications*, New York, Academic Press, 1977.
LÉVY-BRUHL, L., *Les fonctions mentales dans les sociétes inferieures*, Paris, Alcan, 1910.
LEVINE, D., "The educational background of Saudi Arabian and Algerian students", in Samovar, L. and Porter, R., (eds.), *Understanding intercultural communication*, Belmont CA, Wadsworth, 1982.
LÉVI-STRAUSS, C., "Razza e cultura", in ID., *Razza e storia e altri studi antropologici* (1952), Torino, Einaudi, 1967.
LÉVI-STRAUSS, C., *Antropologia strutturale*, Milano, Il Saggiatore, 1966.
LÉVI-STRAUSS, C., *Le strutture elementari della parentela*, (1947), Milano, Feltrinelli, 1972.
LEWIS, I.M., *Prospettive di antropologia* (1976), Roma, Bulzoni, 1987.
LINTON, R., *The Tree of Culture*, New York, Knopf, 1955.

LIPIANSKY, E.M., *Communication, codes culturels et attitude face a l'alterité*, in Intercultures, 1989, 7.

LUNDSTROM, S., in EKSTRAND, L. (ed.), *Etnich minorities and immigrants in cross-cultural perspectives*, Amsterdam, Swets and Zeitlinger, 1986.

LURIA, A.R., *La storia sociale dei processi cognitivi*, Firenze, Giunti-Barbera, 1976.

LYNCH, J., *Educazione multiculturale in una società globale*, Roma, Armando, 1993.

MA, H.K., "The Chinese perspective on moral judgement development", in *International Journal of Psychology*, 1988, 23.

MACCHIETTI, S.S., *Verso un'educazione interculturale*, Firenze, IRRSAE, Toscana, 1992.

MAGNUS, H., citato in Berry J.W., *op. cit.*

MALINOWSKI, B., voce "Culture", in *Encyclopaedia of the Social Science*, New York, MacMillan, 1931.

MANNO, M., "Dalla pedagogia interculturale a Maria Montessori", in *Nuove Ipotesi*, 1991, n. 2-3.

MARGER, M.N., *Race and etnich relations*, Belmont, CA, Wadsworth, 1991.

MARITAIN, J., *L'educazione al bivio*, Brescia, La Scuola, 1950.

MARKUS, H. AND KYTAYAMA, S., "Culture and self", in *Psychology Review*, 1991, 98.

MILLER, J.G., "Culture and the development of everday Social explanation", in *Journal of Personality and social Psycology*, 1984, 46.

MILLER, J.G., BERSOFF, D.M., HARWOOD, R.L., "Perceptions of social responsabilities in India and the United States: Moral imperatives or personal decisions?", in *Journal of Personality and Social Psychology*, 1990, 56.

MOSCATO, M.T., a cura, *Emigrazione, identità e processi educativi*, Catania, CoESSE, 1988.

MOSCATO, M.T., "La scuola fra identità nazionale e intercultura. Principi di metodo", in *Pedagogia e Vita*, 1993, n. 4.

MUNROE, R.H., MUNROE, R.L., AND SHIMMIN, H.S., *Children's works in four cultures: Determinants and consequences*, in *American Anthropologist*, 1984, 86.

NANNI, A., *Progetto mondialità. Nuove frontiere per la scuola italiana*, Bologna, EMI, 1985.

NANNI, C., a cura, *Intolleranza, pregiudizio e educazione alla solidarietà*, Roma, LAS, 1991.

ONGINI, V., *La biblioteca multietnica*, Milano, Editrice Bibliografica, 1991.
PARANJPE, A.C., *Theoretical psychology: The meeting of East and West*, New York, Plenum, 1984.
PEROTTI, A., *L'appartenance de l'étrange à plusieurs cultures et les tensions qui en resultent*, Conseil de l'Europe, Strasbourg, 1983.
PEROTTI, A., "Le identità etnoculturali", in *Scuola Italiana Moderna*, 1993, 7.
POLETTI, F., a cura, *L'educazione interculturale*, Firenze, La Nuova Italia, 1992.
POLLIANI, G., "La scuola elementare: inserimento scolastico dei minori cinesi", in *Dirigenti Scuola*, 1991, 4.
PONTECORVO, C. E PONTECORVO, M., *Psicologia dell'educazione. Conoscere a scuola*, Bologna, Il Mulino, 1986.
POLETTI, F., "L'educazione interculturale: una nuova frontiera per la pedagogia", in POLETTI, F., (a cura), *L'educazione interculturale*, Firenze, La Nuova Italia, 1992.
PUTNAM, D.B., AND KILBRIDE, P.L., *A relativistic understanding of intelligence: social intelligence among the Songhay of Mali and the Samia of Keny*, Philadelphia, 1980.
QUELLET., F., *L'éducation interculturelle*, Paris, L'Harmattan, 1991.
RAHBARI, R., testimonianza a cura, in CARITAS DIOCESANA, *Stranieri a Roma*, SIARES, 1989, p. 82.
REY, M., *Training teachers in intercultural education?*, Strasbourg, Council of Europe, 1986.
REDFIELD, R., LINTON, R., HERSKOVITS, M.J., "Memorandum on the study of acculturation", in *American Anthropologist*, 38, 1936.
RICHARD-AMATO, P.A., AND SNOW, M.A., *The multicultural classroom*, White Plains, N.Y., Longman, 1992.
RIZZI, F., *Educazione e società interculturale*, Brescia, La Scuola, 1992.
ROCKEFELLER, S., "Commento", in TAYLOR, C., *Multiculturalismo. La politica del riconoscimento*, Milano, Anabasi, 1993.
ROGERS, C.R., *Client-centered therapy*, New York, Houghton Mifflin, 1951.
ROSCH, E., "Human categorization", in WARREN N. (ed.), *Studies in cross-cultural psychology*, vol. 1, London, Academic Press, 1977.
ROSSI, P., a cura, *Il concetto di cultura. I fondamenti teorici della scienza antropologica*, Torino, Einaudi, 1970.
SANTERINI, M., *Giustizia in educazione*, Brescia, La Scuola, 1990.

SCHLESINGER, A.M. JR., *The disuniting of America. Reflections on a multicultural society*, New York, Northon and Company, 1993.

SCRIBNER, S. AND COLE, M., "The cognitive consequences of formal and informal education", in *Science*, 1973.

SCRIBNER, S. AND COLE, M., *The psychology of literacy*, Cambridge, Harvard University Press, 1981.

SCRIBNER, S., "Modes of thinking and ways of speaking: Culture and logic riconsidered", in: FREEDLE, R.D. (ed.), *Discourse production and comprehension*, Norwood, N.J., Ablex, 1979.

SECCO, L., *Pedagogia interculturale: problemi e concetti*, Brescia, La Scuola, Scholé, 1991.

SEGALL, M.H., DASEN, P.R., BERRY, J.W., POORTINGA, Y.H., *Human behavior in global perspective*, Boston, Allyn and Bacon, 1990.

SERPELL, R., "Dimensions endogènes de l'intelligence chez les A-Chewa et autres peuples africains", in RETSCHITZKI, J., E ALTRI (eds.), *La recerche interculturelle*, Tome 2, Paris, L'Harmattan 1975.

SHWEDER, R.A., MAHAPATRA, M., MILLER, J.G., "Culture and moral development", in Stigler, Shweder, Herdt (eds.), *Cultural psychology: Essays in comparative human development*, New York, Cambridge University Press, 1990.

SIGNORINI, I., "Razza, cultura e meriti del pensiero antropologico", in SIGNORINI, I., (a cura), *I modi della cultura. Manuale di antropologia*, Roma, La Nuova Italia Scientifica, 1992.

SNOW, M.A., MET, M., GENESEE, F., "A conceptual framework for the integration of language and content instruction", in RICHARD-AMATO, SNOW, M.A., *The multicultural classroom*, White Plains, N.J., 1992.

Sow, J., Psychiatrie dinamique africaine, Paris, Payot, 1977.

STIGLER, J.W., AND PERRY, M., "Mathematics learning in Japanese, Chinese and American classrooms", in Stigler J.W., Sheweder R.A., Herdt G., Cultural Psychology. *Essays on comparative human development*, Cambridge, Cambridge University Press, 1990.

SUPER, C.M., "Cultural variation in the meaning and uses of children's intelligence", in DEREGOWSKI, J.B. E ALTRI, (eds.), *Explications in cross-cultural psychology*, Swets and Zeitlinges, Lisse, Netherlands.

SUPER, C. AND HARKNESS, S., "The developmental niche: A conceptualization at the interface of society and the individual", in *International Journal of Behavioral Development*, 1986, 9.

Susi, F., *I bisogni formativi e culturali degli immigrati stranieri. La ricerca-azione come metodologia educativa*, Milano, Angeli, 1988.

Tassinari, G., a cura, *Scuola e società multiculturale*, Firenze, La Nuova Italia, 1992.

Taylor, C., *Multiculturalismo. La politica del riconoscimento*, Milano, Anabasi, 1992.

Thompson, J., "Japanese speakers", in Swan M., Smith B., eds., *Learner English: A teacher's guide to interference and other problems*, Cambridge, Cambridge University Press, 1987.

Tobin, J.J., Wu, D.Y.H., Davidson, D.H., *Preschool in three cultures: Japan, China and the United States*, New Haven, Yale Univeristy Press, 1989.

Tylor, E.B., *Primitive culture*, London, Murray, 1871.

Università La Sapienza, *Le donne ombra. Eritree, Somale, Capoverdiane, Filippine: Lavoratrici straniere a Roma*, Roma, 1984.

Vernon, P.E., *Intelligence and cultural environment*, London, Methuen, 1969.

Vico, G., "L'intercultura e i suoi problemi educativi", *XXX Convegno di Scholé*, Brescia, 1991.

Vygotsky, L.S., *Lo sviluppo psichico del bambino*, Roma, Editori Riuniti, 1973.

Wagner, D.A., "The development of short-term memory and incidental memory: A cross-cultural study", in *Child Development*, 1974, 45.

Whiting, B.B. and Whiting, J.W.M., *Children of six cultures. A psycho-cultural analysis*, Cambridge, Harvard University Press, 1975.

William, J.E. and Best, D.L., *Measuring sex stereotypes: a thirty nation study*, London, Sage, 1982. Idem, *Sex and psyche: Gender and self viewed cros-culturally*, Newbury Park, CA, Sage, 1990.

INDICE

Introduzione .... pag. 5

Parte prima
PROGETTARE L'EDUCAZIONE NELLA SOCIETÀ MULTICULTURALE

I PROGETTO EDUCATIVO INTERCULTURALE E CONTESTO .... » 11

   1. L'educazione interculturale.................... » 11
   2. La comparabilità delle culture .... » 14
   3. I modi della acculturazione .... » 17
   4. L'impatto con la cultura del paese di immigrazione .... » 27
   5 Aspetti del progetto educativo interculturale » 31

II PROGETTAZIONE EDUCATIVA E PSICOLOGIA TRANSCULTURALE .... » 37

   1. L'apporto della antropologia .... » 37
   2. Culture e personalità .... » 40
   3. Appartenenza a una cultura e differenze individuali .... » 45
   4. Significato e compiti della psicologia transculturale .... » 48

III SVILUPPO PSICOLOGICO E CULTURE: SIMIGLIANZE E DIFFERENZE .... » 55

   1. La trasmissione della cultura e la diversità nei comportamenti .... » 59
   Differenze di sesso e di educazione dei bambini » 62
   Lo sviluppo psicologico .... » 65
   Lo sviluppo morale .... » 69
   La personalità .... » 70

IV Differenze e simiglianze nei modi del conoscere nelle diverse culture .... » 77

1. Psicologia transculturale e cognizione ... » 77
2. Definizioni popolari di "intelligenza" .. » 80
3. La percezione .... » 85
4. Categorizzare, classificare, memorizzare » 91
5. Inferenza, ragionamento, stile cognitivo » 96

Parte seconda

LA FORMULAZIONE E L'ATTUAZIONE DEL PROGETTO EDUCATIVO INTERCULTURALE

V Modalità della progettazione .... » 103

1. Finalità e obiettivi del progetto educativo interculturale .... » 104
2. La conoscenza degli allievi .... » 113
3. Le risorse formative: il problema del curricolo .... » 122

VI Problemi di attuazione del progetto educativo interculturale .... » 128

1. Il problema dell'inserimento linguistico degli alunni immigrati nella scuola .... » 128
2. Condizioni e criteri per il riordino del curricolo .... » 138
3. Revisione dei metodi .... » 148
4. Interpretare il feedback degli allievi ..... » 153

Conclusioni .... » 157

Bibliografia .... » 163

PEDAGOGIA E SCUOLA
Teoria e scienza dell'educazione

G. Acone - G. Bertagna - G. Chiosso, *Paideia e qualità della scuola*

Associazione «Città dell'uomo», *Pensare politicamente: linee di una ipotesi educativa*

M. Baldini, *Epistemologia e pedagogia dell'errore*

G. Bertagna, *Cultura e pedagogia per la scuola di tutti*

O. Bombardelli, *Didattica come teoria della formazione nella pedagogia tedesca moderna*

O. Bombardelli, *Educazione civico-politica nella scuola di una società democratica*

S. Bucci, *Niccolò Tommaseo e l'educazione*

M. Casotti, *Didattica*

M. Casotti, *Raffaello Lambruschini e la pedagogia italiana dell'800*

M. Chiaranda Zanchetta, *Il progetto educativo di Pauline Kergomard*

L. Corradini, *Educare nella scuola*

P.V. Cova, *Latino e didattica della continuità*

J. Derbolav, *Educazione e musica*

W. Flitner - J. Derbolav, *Problemi di etica pedagogica*

G. Flores d'Arcais, *Il problema pedagogico nell'Emilio di G. G. Rousseau*

R. Fragnito, *Computer e interazioni educative*

N. Galli, *Educazione sessuale e mutamento culturale*

N. Galli, *Pedagogia dello sviluppo umano*

A. Genco, *Educazione nuova e non direttività*

A. Genco, *Pedagogia e critica razionalistica*

M. Gennari, *Interpretare l'educazione*

M. Gennari, *Pedagogia e semiotica*

G. Giugni, *Società, comunità, educazione*

B. Grassilli, *Per una metodologia della lettura*

E. Guidolin, *Motivi pedagogici nell'opera di Dostoevskij*

C. Laneve, *Lingua e persona*

C. Laneve, *Per una teoria della didattica*

C. Laneve, *Retorica e educazione*

F. Larocca, *Oltre la creatività: l'educazione*

G. Massaro, *Soggettività e critica in pedagogia*

M. Mencarelli, *Scuola di base e educazione permanente*

M. Milani Comparetti - F. Mattei, *Il linguaggio scientifico tra scienza e didattica*

F. Montuschi, *Competenza affettiva e apprendimento*

M.T. Moscato, *Il viaggio come metafora pedagogica*

A. Nobile, *Gioco e infanzia*

A. Nobile, *Letteratura giovanile*

N. Paparella, *Pedagogia dell'apprendimento*

L. Pati, *L'educazione nella comunità locale*

L. Pati, *Pedagogia della comunicazione educativa*

M. Peretti, *Autorità e libertà nell'educazione contemporanea*

M. Peretti, *Marxismo, psicoanalisi, personalismo cristiano*

M. Peretti, *La personalità della donna e il problema della sua educazione*

M. Peretti, *Valori perenni e pedagogia*

G. Petracchi, *Multiculturalità e didattica*

E. Petrini, *L'opera e il pensiero del Padre Girard*

L. Rosati, *Metodologia della cultura e didattica*

L. Rosati, *Il tempo delle sfide*

O. Rossi Cassottana, *Giuseppina Pizzigoni*

L. Santelli Beccegato, *L'insegnamento della storia della pedagogia*

L. Santelli Beccegato, *Pedagogia sociale e ricerca interdisciplinare*

M. Santerini, *Giustizia in educazione*

C. Scurati, *Incontri e messaggi. Fra critica pedagogica e memoria educativa*

C. Scurati, *Punteggiature e discorsi*

C. Scurati, *Umanesimo della scuola, oggi*

L. Secco, *L'educazione della volontà*

L. Secco, *La pedagogia della Controriforma*

A. Valeriani, *Sociologia della conoscenza e pedagogia*

G. Vico, *La nostalgia dell'educazione*

C. Xodo, *Cultura e pedagogia nel monachesimo alto medioevale*

C. Xodo Cegolon, *Educazione senza banalità*

C. Xodo Cegolon, *Maître de soi. L'idea di libertà nel pensiero pedagogico di Rousseau*

C. Xodo Cegolon, *La ragione e l'imprevisto*

G.L. Zani, *Pedagogia comparativa e civiltà a confronto*

G.L. Zani, *Prospettive di ricerca in pedagogia comparata*

R. Zavalloni, *La personalità in prospettiva religiosa*

R. Zavalloni - R. Gioberti, *La personalità in prospettiva morale*

R. Zavalloni - F. Montuschi, *La personalità in prospettiva sociale*

Editrice La Scuola